# 新时代我国竞技体育助力全民健身的实现机制研究

宋德海◎著

吉林大学出版社
·长春·

**图书在版编目(CIP)数据**

新时代我国竞技体育助力全民健身的实现机制研究 / 宋德海著. -- 长春 : 吉林大学出版社, 2021.1

ISBN 978-7-5692-8041-8

Ⅰ. ①新… Ⅱ. ①宋… Ⅲ. ①竞技体育-关系-全民健身-研究-中国 Ⅳ. ①G812.4

中国版本图书馆 CIP 数据核字(2021)第 028415 号

书　　名　新时代我国竞技体育助力全民健身的实现机制研究
　　　　　XINSHIDAI WO GUO JINGJI TIYU ZHULI QUANMIN JIANSHEN DE SHIXIAN JIZHI YANJIU
作　　者　宋德海　著
策划编辑　张鸿鹤
责任编辑　张鸿鹤
责任校对　柳燕
装帧设计　徐芳芳
出版发行　吉林大学出版社
社　　址　长春市人民大街 4059 号
邮政编码　130021
发行电话　0431-89580028/29/21
网　　址　http://www.jlup.com.cn
电子邮箱　jdcbs@jlu.edu.cn
印　　刷　廊坊市海翔印刷有限公司
开　　本　787mm×1092mm　1/16
印　　张　11.5
字　　数　230 千字
版　　次　2023 年 6 月第 1 版
印　　次　2023 年 6 月第 1 次
书　　号　ISBN 978-7-5692-8041-8
定　　价　40.00 元

# 前　言

竞技体育与全民健身发展是相互影响、相互渗透、相互制约以及相互依赖的有机整体。竞技体育能使全民健身者深刻领悟民族荣誉感，为其提供广泛的体育资源、鲜明的体育文化效益，能促进全民健身活动的不断发展；全民健身活动又为竞技体育提供了广阔的群众基础，是促进竞技体育可持续循环发展的有效途径。二者的协同发展，有利于推动我国由体育大国向体育强国转变。

鉴于此，笔者撰写了《新时代我国竞技体育助力全民健身的实现机制研究》一书，全书在内容安排上共设置六章：第一章论述了我国竞技体育与全民健身的发展历程；第二章解析了我国竞技体育的发展模式与路径创新；第三章分析了我国全民健身活动发展的概况，内容包括体育强国建设下全民健身理论体系构建、全民健身活动对人体全面发展的重要性、全民健身活动与社会进步的必然联系、新时代我国全民健身发展目标分析；第四章基于新时代我国学校体育改革创新路径、新时代我国农村体育发展机制革新策略、新时代我国社区体育创新发展、新时代全民健身市场网络运行机制规划、新时代全民健身公共服务体系运行管理与规划，探讨了新时代我国全民健身机制改革创新；第五章内容包括我国竞技体育与全民健身的相互作用分析、我国竞技体育助力全民健身发展的政策分析、我国竞技体育助力全民健身发展政策未来发展策略；第六章研究了我国竞技体育助力全民健身发展系统、新时代我国竞技体育助力全民健身发展的实现机制、新时代我国竞技体育与全民健身协同发展路径选择。

本书在内容上尽量做到内容丰富、结构严谨、深入浅出，集理论性、思想性、知识性于一体，旨在为推动竞技体育和全民健身的协同发展，促进大众体育和竞技体育事业蓬勃发展及在国家层面推动整个体育事业的发展提供有益参考。本书可供体育行业工作者与学者们参阅。

笔者在撰写本书的过程中，得到了许多专家、学者的帮助和指导，在此表示诚挚的谢意。由于笔者水平有限，加之时间仓促，书中所涉及的内容难免有疏漏之处，希望各位读者多提宝贵意见，以便笔者进一步修改，使之更加完善。

作　者

2020 年 10 月

# 目　录

**第一章　我国竞技体育与全民健身发展历程概述** …… 1

第一节　中华人民共和国成立之初竞技体育发展步履艰难 …… 1
第二节　转轨时期的竞技体育发展波澜起伏 …… 3
第三节　快速发展时期竞技体育体制改革阔步前进 …… 5
第四节　新时代竞技体育改革与社会化发展 …… 8
第五节　我国高校竞技体育的发展历程 …… 12
第六节　我国全民健身的提出和发展历程 …… 16

**第二章　我国竞技体育发展模式与路径创新** …… 20

第一节　我国竞技体育发展模式梳理 …… 20
第二节　国外竞技体育发展模式借鉴研究 …… 21
第三节　新时代文化竞技体育发展模式有效路径创新研究 …… 46

**第三章　我国全民健身活动发展概况分析** …… 50

第一节　体育强国建设下全民健身理论体系构建 …… 50
第二节　全民健身活动对人体全面发展的重要性 …… 69
第三节　全民健身活动与社会进步的必然联系 …… 80
第四节　新时代我国全民健身发展目标分析 …… 88

**第四章　新时代我国全民健身机制改革创新** …… 96

第一节　新时代我国学校体育改革创新路径 …… 96
第二节　新时代我国农村体育发展机制革新策略 …… 104
第三节　新时代我国社区体育创新发展研究 …… 107
第四节　新时代全民健身市场网络运行机制规划 …… 122
第五节　新时代全民健身公共服务体系运行管理与规划 …… 130

**第五章　新时代我国竞技体育对全民健身的影响研究** …… 152

第一节　我国竞技体育与全民健身的相互作用分析 …… 152

第二节　我国竞技体育助力全民健身发展的政策分析 …… 154
第三节　我国竞技体育助力全民健身发展政策的未来发展策略 …… 156

**第六章　新时代我国竞技体育助力全民健身的实现机制研究** …… 161

第一节　我国竞技体育助力全民健身发展系统分析 …… 161
第二节　新时代我国竞技体育助力全民健身发展的实现机制 …… 164
第三节　新时代我国竞技体育与全民健身协同发展路径选择 …… 167

**参考文献** …… 174

# 第一章 我国竞技体育与全民健身发展历程概述

## 第一节 中华人民共和国成立之初竞技体育发展步履艰难

中华人民共和国成立之初，竞技体育参照了大量解放区的体育发展经验，采用多种方法，结合不同形式的运动竞赛，推动大众参与竞技，发掘高水平选手，走的是一条开放式的、非专业化的、均衡发展的道路，体现了人民广泛参与的特点。

首先，从当时竞技体育的管理机构设置来看，作为主管机构的青年团既非行政机构，又非体育专业机构，负责具体运作的中华全国体育总会筹委会为实体性的群众组织。这种行业系统外主管机构的设置、非官方化管理和运作的组织设计，体现了一定的开放式管理的特点，自下而上管理，不同行业精英议事、决事，具有较好的组织保障。

其次，从运动员的培养来看，在 1951 年 4 月成立解放军体育工作大队前，高水平运动员完全在人民群众自发性、业余性的体育参与中孕育而生。竞技体育与群众体育交融在一起，高水平运动员完全从基层群众体育活动中诞生，也并未设立专门的高水平运动员培养体系，体现了一种业余性的、非专业化发展的特点。

最后，从当时体育发展战略的设计来看，1949 年 10 月，冯文彬指出：新民主主义体育应当是大众的，应当为人民服务，要使少数人的运动成为国民普及的运动。1951 年国家提出了使中国体育运动成为经常的广泛的运动的工作方针。体育运动的普及化、经常化、生活化成为当时包括竞技体育在内的各项体育工作的重心，同时，广泛开展了群众乐于参与、易于参与的现代竞技体育项目和传统民族体育项目，并未对体育运动项目进行区别性的政策或资金引导。因此，当时竞技体育与群众体育是同步发展的，各运动项目也是均衡发展的。

其后，为了迅速摆脱在国际体育交往中的落后地位，我国开始大量学习、借鉴苏联及其他东欧社会主义国家的发展经验和技术。在参观完1951年新德里亚运会和1952年赫尔辛基奥运会之后，体育界前辈荣高棠和马叙伦先后向中央建议学习苏联的做法，在政府中设立体育运动委员会、成立体育学院、集中训练优秀运动员、举办全国运动会、修建大型运动场等。竞技体育逐步走上了一条封闭的、专业的、非均衡赶超发展的道路。

1952年国家设置了专门的体育行政管理机构——国家体委，并最终形成了国家体委、中华全国体育总会、中国奥委会三块牌子、一套班子的体育管理局面。竞技体育在实现了集权式的行政化管理的同时，也逐步演变为在体育系统内封闭运行的社会事业，对运动员实行集中的、封闭式的军事化管理。

1951年成立了解放军体育工作大队及中央体训班，国家开始专业化培养高水平运动员。1963年和1964年国家先后颁发了《关于试行运动队伍工作条例（草案）的通知》《青少年业余体育学校试行工作条例（草案）》，运动员培养逐渐形成全国性的三级训练网络，专业化人才培养的特点开始显现。

1952年颁发的《选拔各项运动选手集中培养的通知》提出了普及与提高相结合的说法，1959年周恩来在《政府工作报告》中正式明确了该体育发展方针。1961年国家提出了“缩短战线，保证重点”的体育发展战略。我国体育事业发展的重心逐步偏向了竞技体育。1951—1955年国家先后成立了篮球、排球、田径、乒乓球、游泳、羽毛球、体操等项目的中央体训班（国家队）。在明确“缩短战线，保证重点”策略后，将运动项目区分为重点与非重点项目，优先发展重点项目，将田径、体操、游泳、足球、排球、篮球、乒乓球、射击、举重、速度滑冰等10个优势和影响较大的项目作为发展重点。竞技体育与全民健身协调发展的局面被打破，体育事业走上了竞技体育优先发展、部分项目优先发展的非均衡发展道路。

除此之外，该阶段内我国体育科技处于起步与摸索的开创期，在大量借鉴苏联等社会主义国家发展经验和技术的基础上，逐步摸索体育科技的发展与创新。虽然乒乓球、跳高等少数项目有技术创新，并取得了较好成绩，但总体来看，此阶段内并没有形成我国自己的运动训练理论体系，体育科技的开发与应用刚刚起步，体育科技服务于竞技体育的水平相对偏低。

1950年创刊《新体育》，并积极传播苏联的一些先进经验和技术。1952年成立了我国第一所高等体育学府——华东体育学院，开始系统地培养体育专业人才。1954年成立了人民体育出版社，开始积极进行国内外体育科技信息交流。1954年，中央体院招收了中国第一批体育理论研究生，并聘请了10位苏联专家担任导师，最终的研究成果填补了我国体育理论、生理学、解剖学等方面的空白。1956 年，同苏联的关系破裂后，我国组织了中国第一次体育科学讨论会——北京体育学院第一届体育科学研讨会，体育科技进入了独立探索的曲折发展阶段。1958 年成立了北京体育科学研究所（国家体育总局体育科学研究所的前身）及中国第一所体育医院——成都体育学院附属医院，1959 年成立了北京运动医学研究所，这些为当时体育科技的发展提供了基础。

## 第二节　转轨时期的竞技体育发展波澜起伏

此阶段内，我国竞技体育通过多次机构调整及两次重大的体制改革调整了自身的发展道路，竞技体育按运动项目的不同，由原有的封闭式、专业化的发展，逐步转变为半开放式和开放式相结合、专业化和职业化相结合的发展，但是非均衡赶超发展的路径非常明显。

从管理机构设置来看，1986 年的体育体制改革提出：充分发挥体育总会和各种体育协会、运动协会的作用，有些协会可以试办成半权力半咨询机构。1988 年开始，国家体委逐步在网球等十余个项目中尝试协会实体化改革的探索。1993 年的体育体制改革提出：要进一步改革项目管理体制，逐步使运动项目协会成为责、权、利相统一的项目管理中心。1994 年，相继成立了乒乓球管理中心、冬季运动管理中心，以及航空无线电模型、射击射箭、自行车等 12 个项目管理中心，与有关 41 个单项运动协会实行合署办公，到 1998 年，99 个正式运动项目全部转移到项目管理中心进行管理。项目管理机构由行政单位转变为了事业单位。

从运动员的培养来看，1980 年起，国家体委开始着手拓宽训练渠道，鼓励有条件的城市和行业、厂矿、企业、高校设立高水平运动队。单一的体委系统办训的局面开始改变。同时，国家体委强化了重点项目的一条龙训练体制。优秀运动队开始打破原有的直接从运动员中选任教练员的做法，实行推荐、考核、批准相结合的竞选招聘，实行合同制，建立轮训、进修制度，教练员实施开放式的竞争管理模式。1987 年，原国家教委和原国家体委联合试办高校高水平运动队。关注运动员的全面发展及开放式教育环境的“体教结合”改革拉开序幕。1993 年提出了“建立若干项目管理与协会专项管理相结合的、行政间接参与的训练管理体制”。其后，成立了项目管理中心，对部分项目实施职业化改革，逐步建立了职业化人才培养体系。除此之外，1993 年还开始实行大型运动会申办制度，并提出

"竞赛市场和竞赛产业"的概念。竞赛开始从"福利型、消耗型"向"经营型、产出型"方向发展。

从体育发展战略的设计来看，这一时期，我国制定了竞技体育适度超前发展的战略、以竞技体育为先导带动体育全面发展的战略、竞技体育与全民健身协调发展的方针。由于体育行政部门更多地关注竞技体育，其优先发展的地位被不断强化，逐步成为我国体育工作的重心。竞技体育与群众体育在实践中仍是非均衡发展的。同时，在此阶段内，项目划分为重点项目——奥运项目、非奥项目——优势项目、潜优势项目、基础项目、一般项目等进行发展布局，并建立了重点项目重点投入的分类保障机制。竞技体育实际上强化了其非均衡的项目发展结构。

除此之外，此阶段内我国进一步建立和健全了体育科技组织，体育科学研究水平发展迅速，在学习、引进大量国外先进训练理论的基础上，开始创建中国特色的运动训练理论体系，对我国竞技体育的科学发展起到了重要的促进作用。

1977 年，全国各体育院、系的招生开始恢复正常。1978 年 7 月，国家体委下发了《关于认真办好体育学院的意见》。1979 年 3 月，国家体委下发了《关于大力提高教学质量，充分发挥体育学院在发展我国体育事业中的作用的通知》。1980 年，国家体委出台了体育院系教学计划、体育学生的学籍管理及学生守则。1981 年 1 月 2 日，国家体委下发了《体育学院的任务、系科设置、专业设置和修业年限的意见》和《北京等六所体育学院的任务、规范、专业设置、系科设置、修业年限和培养目标的通知》。1981 年 10 月，我国体育学首度获批硕士点。1986 年，我国体育学硕士生在读人数达到 568 人，硕导达到 332 人。同年，我国建立了首批体育学博士点。各体育院、系、科，开始根据相关文件的要求，规范化、分层次地培养体育专业人才，为迅速提高我国体育教学、训练及体育科研水平，攀登世界运动技术高峰发挥了有效作用。

1978 年的全国体育工作会议提出"体育要大上快上，科研必须先行"的发展方针。1978 年 5 月，国家体委下发了《关于加强体育科学技术工作的意见》，要求必须重视加强体育科技工作。1979 年 5 月在北京召开了第二届体育科学技术工作会议，要求把体育科技工作放到党委的议事日程上来，由一位领导分管这项工作，要扎扎实实地开展工作，使之发挥应有的先行作用。1980 年 12 月 16 日，中国体育科学第一次全国代表大会通过了《中国体育科学学会章程》，正式成立了全国性体育科学技术工作者的学术性群众团体，并成为中国科学技术协会的组成部分。1981 年 6 月，中国体育科学学会公布了《中国体育科学学会的几项工作制度》和《中国体育科学学会召开国内学术会议管理办法（试行草案）》。从此，我国体育科学研究工作具有了较为完善的组织和制度保障，体育科技工作开始蓬勃发展。据学者研究，1991—1996年，我国体育科技进步率为3.27%，竞技体育的贡献率为21.74%。

1979年，蔡俊五完成哈雷主编的《训练学》的翻译工作。1982年，田麦久编译了葛欧瑟教授《运动训练学》的来华讲稿。1983年，由过家兴教授牵头，我国第一部《运动训练学》专著问世，标志着中国运动训练学的理论体系初步形成。1986年，体委组织了全国30余名专家、学者，成立了“运动训练科学化探索”课题组，对运动训练的发展趋势、科学管理、科学选材、科学诊断等近40个专题进行了研究并于1988年形成了著作《运动训练科学化探索》。1987年，体委又组织了56名研究人员，对“我国优秀运动员的机能评定”进行了课题研究。1992年，谢亚龙、王汝英等完成著作《中国优势竞技项目制胜规律》。1998年，由田麦久牵头完成著作《项群训练理论》。1997年，刘大庆完成“运动员竞技能力非衡结构补偿理论”研究。1998年，张英波完成“体能主导类快速力量型运动员竞技能力状态转移的时空协同理论”研究。我国运动训练形成了中国特色的理论，为竞技体育的发展做出了突出贡献。

## 第三节　快速发展时期竞技体育体制改革阔步前进

在快速发展时期，我国竞技体育进一步发展与完善了前一阶段的半开放式和开放式相结合、专业化和职业化相结合的发展路子。非均衡赶超发展从北京奥运会后开始逐步向全面、协调、可持续发展转变。

从管理机构设置来看，虽然事实上国家体育总局仍然领导运动项目管理中心和协会，但是国家在不断推进项目管理体制的改革，政府职能部门在进一步简政放权，赋予项目协会更多的自主权。《2001—2010年体育改革与发展纲要》提出：要区别不同情况，扩大协会在机构设置、干部任免、经费使用、国际交流等方面的自主权。《体育事业“十一五”规划》提出：各单项协会在人、财、物等方面要与政府部门、企事业单位分离，保障协会独立法人地位，扩大单项协会在业务管理方面的自主权。《体育事业发展“十二五”规划》提出：进一步发挥各级体育总会、中国奥委会的作用，进一步完善全国性单项体育协会的组织机构和工作机制，发挥行业管理职能的作用。

从运动员的培养来看，国家对重点项目设立国家队，并进行重点投入。原有的三级训练网人才培养体制也依然在各级财政的支持下强势运行。参与竞技体育发展的社会和市场力量越来越多，发挥的作用也越来越大。例如，山东鲁能泰山足球学校先后向各级足球队输送队员 102 人，向中超、中甲、中乙足球俱乐部输送队员 156 人；上海曹燕华乒乓培训学校培养输送的运动员共获得世界杯等国际比赛冠军 53 项，获得全运会等全国比赛冠军 30 余项；家庭模式培养的丁俊晖于 2005 年 12 月夺得英国斯诺克锦标赛冠军；单飞的李娜获得 2011 年法国网球公开赛女单冠军、2014 年澳大利亚网球公开赛女单冠军；2005 年，清华大学学生胡凯夺得世界大学生运动会百米冠军。日趋多元化的人才培养模式为我国竞技体育的发展增添了新的生机与活力。

从体育发展战略的设计来看，2008 年北京奥运会之前，我国体育工作虽然强调竞技体育与全民健身协调发展的重要性，也实施了一些诸如“全民健身与奥运同行”的群体活动项目，群众体育说起来重要、做起来次要的局面确实有所缓解，政府的政策导向和资金投入也开始有所倾斜。2002—2008 年期间政府工作的重心还是在竞技体育上，奥运成绩仍然是关注的焦点。竞技体育与全民健身仍然处于非均衡发展的状态，只是非均衡发展的程度大为降低。

与此同时，为确保北京奥运会的优异竞赛成绩，我国仍以那些有实力在奥运会上拿奖牌的项目为重点，进行布局布点，重点投入，重点保障。《2001—2010 年奥运争光计划纲要》提出：重点在部分传统优势项目和潜力优势项目中，加快培养准备 2008 年奥运会的运动员，增加投入比例，形成合理的人才结构。《2008 年奥运争光行动计划》强调：加大对重点项目的经费投入力度，加强重点项目国家队的科技服务和科研攻关工作。运动项目的发展结构依然非均衡。

2008 年北京奥运会，我国金牌榜成功登顶，这使得我国开始重新审视竞技体育“为国争光”的战略部署。再加上我国综合国力的大幅提高、公民意识的普遍增强、国家整体发展战略的转型，我国开始着力于体育发展战略的转型。胡锦涛同志在 2008 年奥运会后强调要发挥体育的多元功能，实现竞技体育和群众体育的协调发展。《体育事业发展“十二五”规划》提出：促进竞技体育与全民健身协调发展，促进奥运项目与非奥运项目、夏季项目与冬季项目、现代新兴体育项目与民族传统体育项目协调发展。《2011—2020 年奥运争光计划纲要》提出：要把以人为本，优化项目组织结构，转变项目发展方式，提高项目发展效益作为竞技体育改革发展的核心任务。至此，国家开始大力推进公共体育服务工作，各级政府主管部门更是将之作为工作重点之一，竞技体育与全民健身开始步入更具有实质性意义的协调发展阶段。竞技体育也开始从调结构、转方式、抓创新入手，推进自身的全面、协调、可持续发展。

除此之外，此阶段内我国还制定了一些专项政策法规，进一步巩固了体育科技工作的地位，体育科学团体进一步发展壮大，体育科技交流活动不断增多，体育科学研究进一步向精细化、学科交叉化发展，体育科技服务水平与运动训练实践大幅提高，体育专业人才培养的规模和质量进一步提高。

2001 年 7 月，由国家科技部牵头，联合国家体育总局在内的 9 部门组建了“奥运科技行动领导小组”，同年 8 月制订和实施了《奥运科技（2008）行动计划》。2002 年 12 月，国家体育总局出台了《2001—2010 年体育科技发展规划》《奥运争光科技行动计划》。竞技体育围绕运动员科学选材、运动训练科学监控、运动员体能恢复与营养补充、运动员心理训练与咨询服务、运动员伤病防治与医疗服务、运动竞赛科技服务、反兴奋剂、体育信息服务等方向大力建构体育科技服务系统。

中国体育科学学会队伍发展迅速，目前已有 18 个分会，全国 27 个省（区、市）和 6 个计划单列市建立了地方体育科学学会，现有个人会员 4 千多名，单位会员 180 多个。该学会加入了国际运动医学联合会、国际运动生物力学学会等国际学术组织，并定期组织相关的国际和国内学术活动，为我国体育科技工作的发展创造了有利条件。

这一时期运动训练理论趋于稳定，除了围绕一元训练理论和训练分期理论有所争论外，体育科学研究转向了围绕奥运攻关服务开展实证性研究。如 2003 年 12 月，国家体育总局体育科研所牵头完成了项目“不同项目运动员身体机能的生理生化检测与评定系统”。2005 年由北京体育大学主持完成了项目“奥运优秀运动员科学选材研究”，最终确立了优秀运动员选材指标体系、评价标准和选材方法，编写了《优秀运动员选材手册》。同时，此阶段体育科学研究还积极介绍和探讨了核心力量训练、悬吊训练、振动训练等一些国外先进训练理论与手段，为我国训练方法的创新提供了参照和新思路。

这一时期，我国体育教育事业稳步发展，教育机构、人才培养的数量和质量均大幅度提高，为我国体育事业的发展培养了大量专业人才。2000 年我国约有体育院（校）系 138 个，2004 年约有 205 个，到 2008 年全国具有体育专业教育授予权的高等院校达到 340 所。2006 年我国体育硕士招生人数达到 3 473 人，在学人数达到 8 744 人，毕业人数达到 1 870 人，均比 1998 年的相应人数扩大了 10 倍。2006 年推行了体育硕士专业学位的试点工作，增加了体育硕士研究生的培养类型。2010 年我国增设 11 个体育学一级学科博士点，一级学科博士点达到 15 个，扩大了高层次科技人才培养的规模。除此之外，2003 年，北京体育大学、上海体育学院、华南师范大学体育科学学院、华东师范大学体育与健康学院 4 所院校，依托体育学一级博士点设立了第一批体育博士后流动站。此后数年，又相继增加了多个依托一级或二级学科点设立的体育学博士后流动站。此后，2007 年、2009 年、2012 年，相继增加了几个依托一级或二级学科点设立的体育学博士后流动站。截至 2014 年 8 月 12 日，中国博士后官网查询到的体育学博士后流动站达到 15 个。

## 第四节　新时代竞技体育改革与社会化发展

### 一、以新理念系统谋划中国竞技体育发展行动指南

#### （一）建立举国体制与社会市场相结合的体制

新时代的竞技体育要坚持创新发展和开放发展的观念，以更为“开放”的观念创新竞技体育发展方式，要全面深化“放管服”改革，建立竞技体育发展的新体制、新机制；要大力推行条块结合的“扁平化”管理，合理运用计划和市场两种手段，协调举国体制和市场机制的关系，打造管办分离、内外联动、各司其职的新机制；要构建与经济社会相适应的竞技体育政府主导型治理体制，充分利用社会资源、依靠社会力量，建立多元参与的竞技体育治理模式；要处理好政府、社会、市场、项目协会等多元主体的关系，强化政府的调控型服务式治理，以协会、社会市场为治理主体，建立政府支持、协会主导、市场自主的竞技体育治理新模式。

#### （二）打造国家与社会多元参与的奥运备战新机制

新时代的奥运备战工作要创新发展思路，“以备战促改革，以改革促备战”，坚持创新备战、开放备战、协调备战和共享备战，打造奥运会备战组织管理运行新机制、新模式。要创新奥运备战政策体系和参赛策略，建立多元参与的“扁平化”奥运备战组织管理体系，通过整合奥运备战的制度性资源，健全奥运备战制度法规，调动全国备战奥运会的积极性，吸收更多的社会主体参与奥运备战，提高备战工作的社会化水平；要大力推行“跨项选材”，制定不同项目的奥运备战参赛策略，激活优秀竞技体育人才多元选拔方式，建立多元联动的人才输送体系，提高备战人才选拔工作的社会化、市场化水平；大力推进“科技助力”工作，强化奥运备战科技攻关，大力推进科技介入日常运动训练，完善科技

助力奥运的工作机制，提升奥运备战的科技含量，打造“科研—训练—保障”多元融合的奥运备战新体系。

### （三）构建“四位一体”竞技体育人才培养新模式

新时代的竞技体育要创新人才选拔与培养方式，有效发挥教育系统、体育系统、社会组织和个人的作用，推动体教融合，打造多元投入的新型竞技体育人才培养体系。

推进国家队办队模式多元化，依托各类协会、俱乐部、市场等多方力量建设新型国家队，在各类学校、体校、俱乐部和职业队中选拔组建国家队；完善竞技体育后备人才培养模式，创新体育后备人才小学、初中、高中一条龙培养体系，通过厚植竞技体育后备人才培育基础，不断优化三级训练网络体系，还要大力推行跨界、跨项、跨地域多元人才选拔工作，形成精英运动员培养与选拔的长效机制；打造高级别的复合型训练管理团队，健全复合型团队的激励、奖励保障机制，完善复合型训练管理团队收入分配和激励政策，提升教练员、裁判员等多层次人才队伍的保障水平，培育能够适应未来运动训练需要的复合型训练管理新团队。

### （四）提升竞技体育运动训练科学化、智能化水平

新时代的竞技体育要创新运动训练和参赛方式，搭建科技助力平台，推动科技与运动实践深度融合，提升运动训练和参赛过程中的科技元素，推进“科技助力”工作。

推动“科技助力”与运动训练紧密融合，引进大数据和人工智能技术，推广新材料、新装备、新技术运用，加快训练场地、器材、设施等智能化改造和建设，推动高新技术在运动训练实践中的应用，提高科学训练的基础设施水平；建立与运动训练实践密切结合的科技服务体系，广泛吸纳社会各方力量参与“科技助力”工作，通过打造资源共享和经验交流平台，构建现代化多功能智能场馆，提高训练过程和状态监控的科学化、信息化水平等方式，将训练、科研、医疗、康复保障等多个元素融入训练参赛的整个过程；加强复合型训练团队建设，构建教练、体能、康复、科研、营养、心理等一体化复合型训练团队，提高教练员执教水平和创新能力，依靠科技攻关加强战术创新，提高训练管理科学化新水平。

### （五）建立现代化体育竞赛新体系

新时代竞技体育要推动竞赛体系的社会化、科学化、制度化和多样化的发展，完善办

赛方式和组织管理办法，扩大专业赛事举办和参赛的灵活性、开放性和自主性，开展形式多样的系列赛、大奖赛、分站赛等，满足不同地区、不同层次人群的需要；创新中华人民共和国特色职业体育发展方式，做好职业体育联赛顶层设计，充分调动社会各方力量参与职业赛事的积极性，构建政府引导、依托市场、协会监管的联赛管理制度，建立中国特色的职业联赛发展模式；培育具有国际影响力的职业化品牌赛事，充分挖掘不同项目的职业化发展潜力，打造中国特色的职业体育俱乐部和高水平职业化品牌赛事，积极推动各类运动项目俱乐部走向国际市场，形成不同类型、不同层次的职业化赛事新局面。

## 二、以新理论科学指导中国竞技体育发展实践改革

### （一）处理好体制与机制的关系

新时代，我国亟待处理好举国体制与市场机制的关系，构建举国体制与市场机制相结合的新机制，既要客观认识举国体制存在的不足，也不能过度夸张市场机制的功效；既要继承和发扬举国体制的优势和长处，又要利用市场机制的长处来弥补举国体制的不足；要推动举国体制优势与市场机制优势的系统耦合和功能性互补，重点要根据国情、“体情”和时代需要，创建一个举国体制与市场机制相结合的新型体育运行机制；要充分认识政府主导下的市场有效参与，通过举国体制补市场机制的无序，防止投机、利益冲突和恶性竞争；通过市场机制弥补举国体制调动资源能力不强、激励和约束方式单一、资源使用效率不高、推动创新和突破关键技术的能力不强等短板。

除此之外，还要明确政府、社会和市场的关系，推动服务市场的职业体育与“奥运争光”的专业体育协调发展，既要立足我国基本国情又要尊重职业体育发展规律，引导高水平职业体育项目参与到奥运会、亚运会等国际大赛中，提升为国争光的能力。

### （二）处理好功能与价值的关系

新时期，我国竞技体育呈现多元化发展趋势，它既承载着为国争光的政治功能，也肩负着助力体育产业、引领和带动群众体育发展等多元任务；既要明确为国争光是党和人民赋予竞技体育参与国际竞争的神圣使命，也要认清服务社会是新时期我国竞技体育应有的时代责任。

这就要求竞技体育工作者：一方面要继续提高竞技体育的国际竞争力和影响力，提升为国争光的能力，引领全民健身和体育产业发展，利用参与国际赛事提升新时期国家形

象；另一方面也要认清为国争光并非是竞技体育的唯一功能，新时代的竞技体育要进一步拓宽自身的价值内涵，要从单向度的为国争光向全面服务社会转变，从单纯追求提高运动技术水平向提升整体实力和综合竞争力转变，通过竞技体育促进群众体育发展，为群众体育提供更多的体育消费产品；通过竞技体育带动体育产业发展，促进我国产业结构转型，不断挖掘竞技体育的经济价值、文化价值和教育价值。

### （三）处理好结构与效益的关系

处理好竞技体育发展的结构与效益的关系在于转变传统的发展理念，优化竞技体育的发展方式，推动竞技体育从要素驱动向多种机制协同联动的创新驱动转变，从依靠资源投入的粗放型向依靠科技引领、制度完善、理念创新的集约型转变，从重数量的外延式扩张向追求综合实力的增强、质量的提高和结构的优化转变，从人力密集型向科学密集型转变，提高竞技体育结构的整体效益，推动竞技体育的内涵式发展。

除此之外，国家要统筹竞技体育的项目结构，建立合理、均衡的项目布局，要从突出优势项目向推动各项目结构协调发展转变，统筹奥运与非奥运项目、夏季与冬季项目、优势与潜优势项目、集体球类项目与基础项目及弱势项目的协调发展，追求项目结构的整体发展、整体效益；还要处理好竞技体育项目与运动项目职业化发展的关系，根据我国运动项目的市场化程度，不断推进有条件的运动项目走职业化道路，广泛利用社会市场资源进一步提升运动项目的竞技水平，满足“奥运争光”的需要。

### （四）处理好普及与提高的关系

“在普及基础上提高，在提高指导下普及”依然是处理新时期竞技体育与群众体育关系的重要方针。竞技体育和群众体育是现代体育高度分化的结果，是我国体育事业的两个重要内容，两者同质异形、相互依存、功能互补、关系密切，都是新时期我国体育事业发展的重要任务。

要处理好普及与提高的关系，就要树立体育的整体发展观，明确共同的发展目标。党的十九大确立了以人民为中心的发展思想，这就要求在处理普及与提高、竞技体育与全民健身的关系时要树立“大体育”理念，以满足人民的体育需求作为出发点和落脚点，明确群众体育是竞技体育的基础，竞技体育是群众体育的延伸。我们一方面要进一步提升竞技体育发展水平，做好提高工作，全面提升竞技体育的综合实力；另一方面要通过竞技体育的提高带动群众体育的实现与普及，通过竞技体育的示范和引领功能助推全民健身战略实施，最终实现竞技体育与群众体育的协同共进、融合发展。

### （五）处理好训练与竞赛的关系

训练和竞赛是竞技体育的两个重要方面，两者有着不同的内涵。训练是积累，竞赛是表现，训练是过程、竞赛是结果，两者之间既相互联系，又相互区别，两者的最终目的都是提高竞技体育成绩。随着现代化竞技运动对训练和比赛要求的日益提升，国际化高水平竞技体育对训练和比赛水平有着新的要求，这就需要进一步认清两者的内在关系。一方面，训练是比赛的基础，良好的比赛成绩建立在长期的运动训练实践之中，训练的科学性和有效性直接影响竞赛的结果；另一方面也要明确竞赛不是训练的唯一目标，而是训练的形式和内容，竞赛可以产生负荷和量的积累，锻炼运动员心理素质，是一种提高运动训练效果的有效手段，所以可以说竞赛也是训练的特殊形式。在具体实践中，要根据不同情况科学处理两者的关系，贯彻实施“以赛代练、以赛促练、赛练结合”的科学训练理念，不断提高训练和竞赛的科学化水平。

## 第五节　我国高校竞技体育的发展历程

中华人民共和国成立后，我国高校竞技体育的发展表现出从无到有、从弱到强、从分散到有序的特点，其发展过程可以划分为以下六大阶段。

### 一、我国高校竞技体育初建阶段

中华人民共和国成立初期（1949—1956 年），随着我国高等教育的初步成形，高校竞技体育初步确立。

最初的建立阶段，我国高校竞技体育还没有成形的系统，只是在校内进行零散的发展。这一阶段的高校竞技体育的发展都是由学校内部自主进行的，包括各方面的组织、训练以及竞赛的举办。其中学校体育比赛大多都是班级之间或是各系之间进行的，比赛都是一些小型的，多是单个项目的比赛，还有每年都进行的学校举办的校内运动会、学校之间联合举办的体育竞赛；大型的就是各个省市进行的运动会和单个项目的比赛。影响较大的学生体育比赛主要有以下几个：

（1）1950 年 8 月世界学生第二次代表大会体育比赛在捷克的布拉格举办，为参加此次国际性体育比赛，同年7月，在我国天津进行了篮球与排球学生代表队的选拔比赛。

（2）1954年8月10日至14日在辽宁省旅大市举行了十三城市中等以上学校田径、体操运动会。

（3）1954年7月31日至8月8日，中国学生体育代表团参加了在匈牙利布达佩斯举行的世界大学生夏季运动会。

（4）1956年3月7日至13日，中国学生参加了在华沙（波兰）、圣塞瓦斯蒂安（西班牙）两地举行的世界大学生冬季运动会。

## 二、我国高校竞技体育徘徊发展阶段

1957—1985年，高校竞技体育的徘徊发展阶段历时28年，改革开放政策使得高校的竞技体育重新发展起来。从1957年至1976年，我国高校竞技体育的发展较为缓慢，具有零散性与随机性，体育活动的发展主要是以学校之间的比赛为主，但是学校教育并没有将体育发展重视起来。

高校竞技体育在这一阶段虽然并没有得到较大的发展，但是仍然有优秀的运动员脱颖而出，例如，清华大学曾训练出十名优秀的运动员，上海复旦大学与北京航空航天大学的男女排球队是全国的甲级球队。在1975年，我国成立了中国大学生体育协会，隶属于我国全国体育总会，是一个全国性的学生体育组织。

1978年，我国的社会发展走上了正途，学校体育重新开始了发展的脚步，随着学校体育的重建与发展，高校竞技体育也得到了重视与发展。1979年，国家体委与教育部共同发布了《全国学生体育运动竞赛制度》，文件中正式规定了全国大学生运动会举办的详细要求，时间定为每四年举行一次。1982年首次全国大学生运动会在北京成功举办。改革开放后，学校体育真正开始发展起来，高校竞技体育也开始了重建的步伐。全国各个大学开始组建自己学校的体育运动队，利用课余时间进行体育训练，并且取得了不错的体育成绩。

## 三、我国高校竞技体育尝试摸索阶段

1984年，在美国洛杉矶举行了第23届奥运会，我国在此次奥林匹克运动会上取得了优秀的成绩，共获得32枚奖牌，其中金牌15枚，银牌8枚，铜牌9枚，实现了金牌“零的突破”，获得金牌榜的第四名。在这一届奥运会上，我国用体育成绩证明了自己的体育实力，也让世界体育强国看到中国体育的发展，国内的人民群众也开始关注体育事业，同时也激起了学生们对体育的热情，学校体育面临着巨大的挑战，促进了高校竞技体育的进一步发展。

根据国家下发的《中共中央教育体制改革的决定》和《关于进一步发展体育运动的通知》两个文件内容，对我国学校当时课余体育训练的成果进行了讨论与交流，最终确定了《关于开展学校业余体育训练，努力提高运动技术水平的规划》（1986—2000 年）（以下简称《规划》）的框架。

1986 年 11 月 11 日，国家体育机构下发了《规划》（1986—2000 年）这一文件，确立了课余训练的指导思想，并对主要任务与目标进行了详细的叙述，制定了一系列发展政策。

我国逐渐意识到高水平运动员培养的重要性，在 1987 年，我国针对普通高校进行高水平运动员的培养发布了通知，并且确定了 51 所能够进行招生的试点高校，制订了详细的招生要求、招生方法与教学管理内容计划。至此，我国高校竞技体育有了更明确的发展方向，进入了有计划、有组织的发展阶段。

在国家大力发展高校竞技体育的阶段，其特点明显表现在两方面：在生源方面，高校在进行体育人才招生的时候重点招收的是体校运动员，若是学校里有体育成绩优秀的学生也有进入高水平运动队进行训练的机会；在培养目标方面，国家的目标是培养优秀的体育人才，他们在全国运动会和国际大型运动赛事上争金夺银。从这两点可以看出，我国创办高校高水平运动会的最初目标较为单一，其发展受到体制的约束和急功近利观念的影响。在培养的最初阶段，国家只注重国内各项运动会上学生会取得什么样的成绩，运动竞赛被当作检验学校竞技体育整体水平标准的依据，而学校在职的教练员水平并不高，投入的资金较少，运动场地和设施落后，这些原因共同造成运动员水平较低、培养目标产生偏差的情况。

## 四、我国高校竞技体育兼容与拓展阶段

经过认真的审视和总结前一阶段的不足之后，我国高校在这一时期开始重新发展竞技体育，这一阶段充分体现出体育教育的兼容与拓展的发展趋势。

在这一时期，我国开始拓展高校竞技体育的生源渠道，更加看重教练员的能力与水平，并要求教练员有一定的科研能力。在增加资金的投入的同时，制定了较为明确的赏罚制度，进一步加强学校管理，运动队的管理也开始步入正轨，得到了系统的训练。为了让运动队的水平能够在整体上有所提高，各大高校开始与专业的团队合作开办学校体育，这一策略的实施，让各大高校展开了新一轮的比赛竞争。

在新的管理体制的发展下，可以明显感受到运动员的技术水平得到了快速提高，在我国大学生运动会上多个项目的比赛记录被打破，这表明我国高校竞技体育发展有了明显的成效。1995 年，我国将高水平运动队试点院校增加到 53 所。这一决定表明，联合办校的政策符合我国高校竞技体育发展的实际，学校整体运动水平都有了很大的提高，但不可否认的是，在发展的过程中也看到了其中的不利影响。

## 五、我国高校竞技体育发展与提高阶段

改革开放后，我国的经济发展迅速。在全球化的影响下，体育资源也开始进入国际化发展。在这种发展背景下，我国的高校竞技体育进入发展与提高的阶段。

全球化的发展促使我国的高校竞技体育采用多元化的管理模式。在这个发展背景下，信息的传播与交流不再局限于国内，因此我国通过学习国外高校竞技体育的管理经验，取其精华，去其糟粕，运用到我国的办队管理上，最终呈现出多元化的管理模式。大多数院校开始自己独立创办高水平运动队，但有一部分学校依然沿用旧制，进行联合办校，还有一部分学校同时运用两种方法。需要注意的是，一些院校虽然号称采用专业团队联合办队，但是基本上只是挂名，实际还是学校独立创办高水平运动队。再有，高校竞技体育发展的资金来源实现多元化，不再只是依靠政府和上级部门的拨款，拓展了企业和社会这两个渠道。

除此之外，高校竞技体育开始注重科研方面的工作，教练员需要不定期进行培训，学习先进的训练内容与训练方法，甚至小部分院校开始聘请专职教练员和国外教练，并设立了科研小组。这些变化使我国的高校竞技体育开始向社会化发展。中国大学生篮球联赛（CUBA）的正式成立是高校竞技体育向社会成功迈进的第一步。

## 六、我国高校竞技体育变革与飞跃阶段

进入 21 世纪后，“学校体育健康第一”成为学校发展体育教育的主要思想。健身运动开始出现在校园中，但竞技体育的发展依然是学校的重点。这一阶段我国高校竞技体育发生了变革，产生了质的飞跃。

21 世纪，高校竞技体育在人才培养理念上发生了改变，大多高校在进行竞技人才培养时，不再将引进人才的工作放在首位，而是开始注重自身人才的培养。这一阶段“体教结合”的人才培养模式开始被各大高校采用，运动员不再只是一味地进行体育训练，也可以进行文化学习，因此涌现出一大批高学识、高水平的优秀运动员。同时，高校对具有较高

水平的教练员加大了引进力度，如清华大学的于芬、北京理工大学的金志扬等。国家体育总局将参加世界大学生运动会的组织管理工作移交给了中华人民共和国教育部。除此之外，还将清华大学、华东理工大学、南开大学、北京理工大学、南京工业大学等学校培养高水平运动员的模式作为参考，以供其他高校借鉴。

21 世纪，我国高校在建设高水平运动队方面不断探索、不断创新，并且将自身特色融入其中，同时，在国内国外的比赛中取得了不错的成绩。

2003 年，世界大学生运动会在韩国大邱举办，我国北京理工大学的足球队在比赛中获得第七名，南开大学的女排获得冠军。2005 年，在第 23 届世界大学生运动会上，我国的大学生运动员胡凯获得男子 100 米的冠军，王颖获得女子三级跳远冠军，他们是我国自己培养出的优秀大学生运动员，南京工业大学女子垒球队也获得第六名的优秀成绩。2006 年，北京理工大学的足球队升入中国足球甲级联赛。2008 年，奥运会在中国举办，大学生运动员在此次奥运会的发挥很出色。郭晶晶获得女子 3 米板跳水冠军；郭晶晶、吴敏霞获得女子 3 米板双人跳水冠军；陈一冰夺得男子吊环冠军；刘春红获得女子举重 69 公斤级抓举冠军；杨秀丽获得女子举重 78 公斤级冠军等。2016 年里约奥运会中，浙江大学的孙杨获男子 200 米自由泳冠军，成为世界泳坛历史上唯一一位男子 200 米自由泳、男子 400 米自由泳、男子 1 500 米自由泳的奥运会、世锦赛大满贯得主。

我国高校发展竞技体育，培养优秀的大学生体育人才，也是为我国的竞技体育做贡献。当前的发展机遇与挑战并存，因此国家相关部门与大学生体育协会组织进行会议研讨，对高校高水平运动队的定位、发展、管理制度、培养模式等进行探讨，探索出一条符合我国高校自身发展的路径。因此，高校其实是增强我国竞技体育实力的重要途径，我国高校竞技体育的发展开始了新的征程。

## 第六节　我国全民健身的提出和发展历程

随着人们的生活质量逐步提升，健康成了我国人民的自主需求。全民健身现象反映了当代中国人的健康愿望。目前，全民健身已经不是往常人们所理解的仅仅娱乐身心的体育活动了，它被赋予了更丰富的时代意义，可以通过研究全民健身的历史发展进程及对历史上提出的政策文件和相关理论进行分析，从而认识全民健身，理解全民健身。

## 一、我国古代全民健身的提出

对于“健身”和“运动”的概念，早在秦朝时就被提出，那时人们已经意识到健康的重要性，明白体育活动是增强人们身体素质必不可少的途径，从而形成了各种各样的体育活动，甚至有一部分体育活动传承到今天，逐渐发展成为世界范围的体育活动。

著名的医书《黄帝内经》开篇便提出了“形与神俱，尽终天年”的概念，意思是精神要保养，身体要锻炼，只有好的身体和好的精神同时存在，才能享受晚年。也就是说，身体和精神缺一不可，作者在书中开篇没有提及治病就医的方法，而是提到了身体健康的重要性，足以说明古人已开始重视身体健康。

古时候的宫廷中有一种流行的体育运动叫作“击鞠”，也就是现在说的马球。马球是指比赛双方骑在马上用球杖打击球的一种运动。曹植的《名都篇》中的“连翩击鞠壤，巧捷惟万端”，描写的就是古代打马球的情景。自唐朝以来，每年在宫廷中都会举行盛大的马球比赛来提倡运动健身，所建设的马球场不仅白天有马球运动，到了晚上也会点起灯来进行马球比赛。据统计，唐朝的 19 位皇帝中有 11 位是马球的热爱者，在一次火灾中一位皇帝都不忘救起两位球友一起逃生，可见对马球的痴迷。当代众所周知的足球运动是古代名为“蹴鞠”的一种运动的化身。《水浒传》中有一位名为高俅的人，便是一名深受当代天子喜爱的蹴鞠高手。大约 2 000 年前在齐国临淄兴起了深受人们喜爱的蹴鞠运动，在宋朝蹴鞠达到了发展高潮，当时有全国性的蹴鞠比赛“山岳正赛”，对蹴鞠艺人的技巧及水平进行考核，使更多人参与到蹴鞠运动中来。

## 二、我国近现代对全民健身的探索

1949 年，伴随着中华人民共和国的成立，我国建立了中华人民共和国体育总会，表明体育事业获得了国家的重视。同年，“提倡国民体育”被列入《共同纲领》中，使我国的体育事业得到了法律支持，我国人民有权利参与全民健身。

1951 年，党中央意识到发展全民健身应该从当代中小学生做起，于是推行了第一套简单易学的广播体操。然而广播体操一被推广，不仅仅是针对学生，也逐渐成为百姓锻炼身体的一种运动。随着广播体操被越来越多人接受，其本身也逐渐完善且具有针对性。目前广播体操已经更新至第九套。针对不同的行业，国家体委也编制了不同的适合各行业的广播体操，如纺织工人操、售货员操等。据统计，当代中小学生眼睛近视的人数逐渐增加，国家又针对这一状况编制了眼睛保健操，用时短，简单易学，成为中小学生的小型课间操，大大减少了中小学生眼睛近视的现象。

1955 年，在全国人大会议中通过了国家第一个五年计划，其中之一是“在全国人民中，首先是在厂矿、学校、部队和机关的青年中，广泛地开展体育运动，以增强人民体质”，这说明国家开始注重广大人民的身体素质。1959 年，周恩来总理在第二届全国人大中提出，在体育事业发展中，应实施普及和提高相结合的原则，广泛开展群众性体育运动，逐渐提高我国的体育水平。1960 年，党中央在《关于卫生工作的指示》中指出，凡能做到的，都要提倡做体操、打球、跑步、爬山、游泳、打太极拳及各种各样的体育运动。在党和政府的支持和鼓励下，全民健身事业逐步发展。

1984 年，国家在《关于进一步发展体育运动的通知》中对中华人民共和国成立以来 35 年体育事业的进步给予了认可，但是也指出虽然我国已经有了很大的进步，但是放眼世界，我国同世界的体育强国之间还有一定的差距，要想使中国的体育赶上世界的平均水平，我国还需要努力，走出国门去学习，引进国外好的体育健身活动，从而使我国的体育事业得到进一步发展。

1989 年，中国的体育已经走向世界，加入了 70 多个国际体育组织，累计与 150 多个国家进行了体育比赛，参与人数高达 10 万人。中国在历届运动会中也展现出了自己的实力，在各种项目中培养出了优秀的运动员。有的运动健将水平上升速度飞快，我国一名优秀的跳高运动员在短短一年的时间内，先后三次打破世界纪录。同时，中国在乒乓球、羽毛球、跳水、游泳、举重、射击等世界范围的诸多运动比赛中获得了优异的成绩，其中乒乓球被称为“国球”。在 1959 年的第 25 届乒乓球比赛中我国获得了第一个世界金牌，从此在世界乒乓球比赛中一直保持领军水平。同样优秀的还有中国女排队伍，中国女排连续获得五年的世界冠军，在世界的舞台上展现了中国女排巾帼不让须眉的精神。1990 年，第十一届亚运会在中国首都北京举办，我国在此次比赛中获得金牌及奖牌数量均为第一名，这使中国的体育事业冲出了亚洲。为了鼓励那些为国家运动事业发展做出贡献的运动员，国家对推动国家体育事业的运动员、教练、领导人等分别颁发金、银、铜牌勋章。现在，通过全国人民的共同努力，中国已成功步入国际体育强国之列。

## 三、我国当代全民健身的实施措施

全民健身最重要的是全民参加，无论男女老少，包括残疾人在内。我国并没有因为残疾人的身体缺陷而忽略残疾人的健身事业。我国体委成立残疾人体育协会，支持残疾人参与到健身运动中，并举行了残疾人奥运会来鼓励残疾人运动。在第一次残奥会中，共有

500多名运动员参与到这场运动会中来，这是我国残疾人运动史上的一次重要的突破。这次运动会设立了游泳、乒乓球、田径三个项目，吸引了两千多名观众观看。全国第十届残运会暨第七届特奥会于2019年8月在天津举行，本届残运会在比赛项目和内容上推陈出新，除了按常规举办夏季项目外，还推出了冬季项目，有冰壶、越野滑雪、冬季两项、高山滑雪、单板滑雪、残奥冰球等。同时，本届残运会大规模增设了群众比赛项目，首次增设了围棋、轮椅舞蹈、盲人跳绳、三人制聋人篮球、五人制聋人足球、旱地冰壶、迷你滑雪等项目。在竞技比赛项目乒乓球、羽毛球、田径马拉松等小项中，还首次设立了大众组。我国为残疾人运动营造了一个良好的氛围，有不少残疾人运动员通过运动逐渐康复，改变了自己的命运。

为了让社会上更多的残疾人参与到运动中来，我国各省市的残疾人训练场不但对国家运动员开放，还面向社会所有残疾人开放。目前，我国规模最大的残疾人运动服务中心在我国首都北京，不管是从运动设施还是生活服务方面都对残疾人运动给予了支持。据统计，全国分布在各个省市的残疾人体育训练基地约34个，国内各个地区的残疾人都能得到运动保障。我们呼吁更多人以平等的观念对待残疾人运动，因为参加体育运动对残疾人来说有很多积极的影响，运动能够使身体逐渐恢复到最佳状态，也能够帮助残疾人找回自信和希望。由此可见，关注残疾人运动对我国全民健身运动来说有重要意义，对提高全社会人民的体质有很大帮助，我国也在努力推进残疾人运动的发展进程，并获得了很大的成就。

除了残疾人运动项目的开展，我国在其他范围领域内的全民健身事业也取得了长足发展。近年来，我国实行了将体育成绩加入学生在校考核范围内的政策。它的推出促使各大学校纷纷增加了学生在校的体育活动时间，学校开始注重学生的身体素质；家长也开始控制孩子的饮食，坚持荤素搭配。这一举措从思想上改变了孩子的惰性，锻炼了孩子的毅力，增强了孩子的身体素质。

全民健身对我国老年人运动的改变最为明显。随着我国经济的发展，人们的生活越过越好，在以前，农村的老人多半要种田干活来养活家人，现在更多的老年人有时间去参加体育运动来增强身体素质。老年活动中心的建立为老年人运动提供了场所，在老年活动中心可以打乒乓球、下象棋、踢毽子等。公园里也有老年人练太极的身影。很多地方修建了带有体育健身器材的广场，人们可以利用健身器材来锻炼身体，晚上吃过饭后有很多老年人跳起了广场舞，这在很大程度上充实了老年人的生活，增强了老年人之间的交流，提高了老年人的身体素质。

# 第二章　我国竞技体育发展模式与路径创新

## 第一节　我国竞技体育发展模式梳理

中国竞技体育在半个多世纪的发展历程中先后采用了“普及与提高相结合”“缩短战线，保证重点”“适度优先”“双轨发展”和“可持续发展”几个发展模式。从实践来看，这些模式都是成功的，是与中国当时的国情相适应的。

中华人民共和国成立初期，党和国家以“民族、科学、大众”的“新体育”要求，对中国体育进行全面改造，这些改造也包含了竞技体育体制和运行机制的改造，搭建起了中华人民共和国竞技体育发展的基石。在此基础上，通过“普及与提高相结合”的竞技体育发展模式，把发展竞技体育作为国家体育事业的一项重要内容，推动了中华人民共和国竞技体育的快速发展。20 世纪 60 年代以后，在国际国内环境的影响下，又实时地做出了“缩短战线，保证重点”的战略调整，将体育工作重心转移到竞技体育方面，形成了“缩短战线，保证重点”的竞技体育发展模式，初步建立起了中国特色的竞技体育举国体制，在资源极度匮乏的条件下实现了竞技体育的跨越式发展。

改革开放以后，我国通过系统的体制改革，进一步完善、强化了原有计划经济体制下形成的竞技体育体制，全面落实了“竞技体育适度超前发展”的战略部署，提出了竞技体育“适度优先”发展模式，为中国竞技体育全面走向世界、参与国际竞争奠定了坚实的制度保障。

进入市场经济体制后，由于竞技体育在两种经济制度下的发展运行有着巨大的差异。这就要求我国在竞技体育改革中必须根据市场经济体制的基本要求，通过体制的改革和运行机制的转换，对原有计划经济体制下竞技体育发展模式进行改革和重构。在竞技体育发展模式由计划经济体制向市场经济体制转轨的过程中，我国又通过制定《奥运争光计划纲要》，综合运用行政手段和市场调节手段形成了中国特色的竞技体育“双轨制”发展模式，保证了竞技体育改革与发展的同步推进。进入21世纪以后，在完善市场经济体制的时代背景下，为全面落实科学发展观，我国又创造性地提出“可持续发展”的竞技体育发展模式，实现了中国竞技体育质的飞跃。

## 第二节　国外竞技体育发展模式借鉴研究

### 一、国外竞技体育发展模式概况

国外竞技体育主要是以美俄为代表的欧美发达国家在世界上成绩显赫。从第1届奥运会至今，金牌总数排名前列的，除中国以外几乎都是欧美发达国家。近几十年来，世界竞技体育的成绩取得了突飞猛进的发展，这在一定程度上得益于各国依据自己的国情选择了与本国国情相符的竞技体育发展模式。竞技体育管理模式是竞技体育发展模式的主要组成部分，发展模式特征可以通过管理模式来体现，因此应以突出比较竞技体育管理模式为主要研究内容。总的来说，竞技体育管理模式主要有市场主导型、政府与市场结合型和政府主导型三种类型。纵观当今世界竞技体育市场主导型、政府与市场结合型和政府主导型几种竞技体育管理模式，可以看到各有其特点：

在市场主导型竞技体育管理模式中，政府不设立专门的竞技体育管理机构，不具体干预竞技体育发展的事务，在充分保证竞技体育的自治地位的基础上对有关体育组织给予一定的经费支持，充分发挥市场机制在竞技体育资源配置中的基础作用，主要依靠社会的力量推动竞技体育发展。该模式有利于充分调动社会各方面的力量，有利于组织内部有效管理，缺点是缺乏权威的统一调度和协调。但是，这种模式要求具备比较强的国力和较高人均GDP水平，要求具有体育组织成熟、市场机制调节充分、市场功效充分发挥等条件，而很多发展中国家不具备上述条件。

而在政府与市场结合型竞技体育管理模式中，竞技体育管理职能主要由国家政府机构和体育社团共同承担。这种模式既能充分体现国家的意志，又有利于政府和各体育组织的沟通合作，有效地提高了工作效率，更有利于竞技体育的开展和经营。

政府主导型竞技体育管理模式与中国竞技体育“举国体制”发展模式有相似性。中央政府设置专门体育管理行政机构，对本国的竞技体育进行全面的管理和指导，利用政府权力，通过政策、法规对体育资源进行配置，并将事务性的工作交给体育社团。这种模式能调动和整合所有的社会力量为政府总体竞技体育目标的实现服务，有效地推动了竞技体育的发展。但是这种模式也容易阻塞社会团体参与体育管理的渠道，造成管理资源的浪费。

政府与市场结合型模式逐渐成为国外竞技体育主要的管理模式。三种竞技体育管理模式与中国竞技体育管理模式特征比较见表2-1①。

表2-1　美、法、澳、日与中国竞技体育管理模式比较

| 类别 | 美国 | 法国 | 澳大利亚 | 日本 | 中国 |
|---|---|---|---|---|---|
| 目标取向 | 经济利益 | 经济利益加金牌 | 经济利益加金牌 | 经济利益加金牌 | “为国争光”为龙头多元目标取向 |
| 国家管理主体 | 无体育行政组织 | 青体部 | 国家设竞技运动委员会，各州设体育发展局 | 文部省体育局 | 国家体育总局 |
| 训练体系主体 | 国家奥委会<br>高校竞技体育系统<br>各职业体育联盟及各俱乐部 | 国家奥委会 | AIS | 职业体育协会<br>日本奥委会 | 各项目管理中心 |
| 管理方式 | 市场主导型 | 政府与市场结合型 | 政府与市场结合型 | 政府主导型 | 举国体制 |

## 二、德国高校竞技体育发展经验借鉴

### （一）德国高校竞技体育人才培养机制

西欧国家发展竞技体育的途径与我国不同，大多数通过建立体育俱乐部来发展。德国是西欧国家竞技体育的典型代表。德国的体育俱乐部体制是发展国家竞技体育的基础，并

① 徐伟宏. 中国竞技体育发展模式的历史演进与路径创新［M］. 北京：北京体育大学出版社，2012：102.

且，德国运动员选拔、培养、管理、训练都是通过该体制进行的。德国的奥林匹克体育联合会是体育俱乐部的最高管理机构，但该体育组织实非政府组织。德国的联合会是德国竞技体育组织管理的最高职能机构。比较来看，美国并没有专门建立管理竞技体育的部门，但是德国政府有专门的机构参与管理，主要是对其提供资金支持。除此之外，某一些优秀的青少年运动员进入高校，会给他们提供帮助与优惠。

因为体育俱乐部体制成功的现实状况，德国高校自身没有设置高水平运动队，其竞技体育水平较低，“高校体育（High school sport）”实际上等同于我国的“大学生课外锻炼”。但是这并不是说德国高校没有进行竞技体育人才的培养，德国高校在竞技体育的发展中依然有着不可或缺的地位。德国高校的体育协会对每届奥运会的参赛成员做过统计，每年的参赛选手都有一部分是在校学生。在培养高水平运动员的过程中，德国高校体育协会实行了“竞技体育伙伴高校”计划，给这些在校高水平运动员提供了更好的学习环境、训练条件以及生活环境，并且参加高校计划的学校会根据实际情况为高水平运动员制定专门的学制，这样可以减少学习和训练之间的矛盾。德国的高校虽然并不负责运动员的训练和比赛等事项，但是却为他们提供了便利的文化教育，这可以直接表明德国高校在培养竞技体育人才的过程中是不可缺少的环节。

### （二）德国高校体育的办学特色

德国高校有着自己的办学特色，对于体育专业的学生来说，体育课是必修课，但是对于其他专业的学生来说，并不强制要求上体育课。因此，普通大学生想要进行体育锻炼有两种选择，一种是可以选择在高校中选修体育课，另一种则是参加体育俱乐部。

大学设置高校体育课程已经有很长的历史，但是德国的高校体育是从 20 世纪开始进行的。1945 年后，处于占领区（二战过后德国被美、英、法、苏联四个国家占领，并且分成四个占领区，后美、英、法三国的占领区合并成为西德）的高校被禁止进行体育课，但是时间并不长。之后，高校体育课程成为学生自由选择的课程。1948 年，德国组织成立了高校体育协会，因此西德的高校体育得到了发展，而东德依旧将体育作为大学生必修课开设。直至 1990 年德国统一后，东德地区不再把体育作为大学生的必修课程，改为自由选择课程。

高校体育是为大学生的身体健康提供服务的运动项目，主要有三种组织模式，即中心组织机构、体育系（学院）分布任务、学生自我管理组织（院系学生会等）。德国的高校体育可以作为大众健身体育的一种，具有可自由选择参加、没有具体时间限制、体育项目众多、收费较低等特点，这些都是大众体育共有的属性。不可否认的是，德国高校体育中仍然有一部分是竞技体育的内容。

从德国体育的发展来看，高校体育也可以被看作是体育俱乐部的一种形式的运动项目。不同的是，社会体育俱乐部是按照体育项目进行创立的，高校体育并没有这一特点。德国的奥林匹克体育联合会下面设立了19个专门管理体育的特殊协会，高校体育协会只是其中的一个，而德国高校中有一部分学生与教职工是该协会的会员。高校体育俱乐部有着社会俱乐部和商业健身场所没有的特点，高校体育只对高校内学生和教职员工提供，对于他们来说，距离锻炼场所很近、很方便，费用也较低。因此，学生和教师更加倾向于参加高校体育项目。

德国大学生参加高校体育活动大多数是为了健身，锻炼身体；若是体育才能较为出色，想进一步发展的学生，会根据自身需求参加社会俱乐部。因为社会俱乐部中的体育训练更加专业，教练员水平比较高，会员较为固定，可以进行系统训练，锻炼时间也相对较长。德国体育最高组织对大学生进行了调查，发现德国19至26岁的民众约有一半都参加了社会体育俱乐部，其中有大部分是在校学生。

高校体育虽然对学生来说是更加方便的一种形式，但因为完全凭借学生自愿加入来进行，所以很多学生并没有参加，参加的只有约1/5的学生。即使加上参加社会体育俱乐部的学生人数，德国高校中进行体育锻炼的学生数量依然只有一半，这是德国高校体育存在的最大问题。

### （三）德国科隆高校体育的发展

科隆作为德国的第四大城市，想要将自身发展成德国的“体育城”，因此创设了一所专门从事体育教育的学院——科隆体育学院，并且将奥林匹克博物馆也建在了这里。2006年举办世界杯时，科隆的“莱茵能源体育场”是其中一场比赛的使用场地。科隆的体育氛围浓厚，因此高校体育的开展也具有不同于其他地区的特点。科隆不仅开展了高校体育，还开展了“校园体育”，与高校体育对比，校园体育设立的项目更加多，水平也更加高。

1. 科隆高校体育管理工作

科隆的高校体育主要是由学生会进行组织管理的，由学生做主，组织各种活动。科隆有9所高校都由此组织进行管理。科隆高校体育免费对学生开放，教职员工也只需要付很少的费用就可以参加。

科隆高校体育的锻炼时间按照学期将其划分了四个时间段，即冬季学期、寒假、夏季学期和暑假。因为各个时间段的外部环境与具体情况不同，因此运动项目也会有所不同，高校体育组织会提前将具体的时间和项目安排发布到网上，学生可以根据自己的需要和时间进行报名。一般的活动会在下午和晚上进行，周日和节假日期间可以休息。大部分项目是健身和球类项目，如瑜伽、柔道、游泳、体操、足球、篮球等。

科隆高校体育的资金来源主要有两个，最重要的是国家投入，这是国家法律明确的规定。除此之外，还有社会的资金帮助，主要是一些社会企业的资金注入。

2. 科隆的校园体育

校园体育是科隆为了促进学生进行体育锻炼而实行的一项措施。它从 2002 年开始实施，由科隆大学与科隆体育学院共同组织进行，因为它与高校体育有不同的地方，所以将其称为“校园体育”。其具体的特点如下：

第一，项目更多，活动时间便民。校园体育的项目设置有 120 多个，活动时间每周都会在 50 个小时左右。例如，暑假期间，校园体育就开设了 40 多个项目，健身项目有器械练习、健美操、健身操等；大球项目有篮球、足球、排球、手球等；小球项目有网球、羽毛球、乒乓球；搏击项目有柔道、拳击等；舞蹈项目有芭蕾、交谊舞、拉丁等；水上项目有赛艇、游泳等；还有健身跑、瑜伽等项目。

第二，参与人员更广。校园体育的参与人群较为广泛，大学的学生与教职员工、科隆校友会的会员、附属医院的员工、大学生服务中心的工作人员都可以参加，同时也允许科隆以外的一些大学生以及科隆一定范围内的民众参加。

第三，项目分级，水平更高。高校体育一般进行的是一些大众性的健身锻炼，其目的是为了增强体质。而校园体育是为了提高参加人员的运动水平，并把运动项目按照阶段进行了级别划分，这是因为不同人群有不同需求，也是为了发现优秀的体育人才，配合高校体育协会进行“竞技体育伙伴学校”计划的实施，提高德国整体的竞技水平。

第四，收费。高校体育与校园体育两者的目标不同，因此发展规划也不同。高校体育对学生免费，教职员工也只需付很少的费用，可是校园体育需要聘请工作人员、高水平教练员，租用场地等，需要的费用较多，虽然有政府支持，有一定的资金投入，却仍然不足以支持校园体育的运行，因此会对参加人员收取较多的费用。

### （四）德国高校体育俱乐部的主要特性

1. 学生参加俱乐部的自主性

德国学校体育俱乐部的成员主要为本学校师生，师生中不分种族、肤色、社会派别，也不论学生家庭经济状况，没有年龄与年级限制，也无性别上特殊规定。对于加入或是退出俱乐部，完全可以根据师生的个人意愿，若是满意俱乐部所开设的运动项目，可以随时加入俱乐部，若是不能接受也可以选择不参加。对于任何参加或是退出俱乐部的人员并不需要承担任何的责任。因此，学生们参不参加俱乐部完全是看自己是否满意俱乐部所设置的内容，若是不满意或是不违背规定都可以自主退出。这就是学校体育俱乐部的自主性。

因为学校体育俱乐部对参加人员的来去并不限制，这就意味着，学校体育俱乐部需要花费大量的时间和精力来吸引学生们的眼球，这样不仅能够增强俱乐部的实力，也可以将俱乐部的各个项目都有效地运转起来，还可以通过收取参会费用来维持俱乐部的运行。因为俱乐部并没有向会员设立物质奖励，所以只能够通过运动项目、高水平的教练员和先进的设施条件、优质的服务来吸引学生们的加入。德国是一个崇尚团队精神的国家，因此俱乐部成员之间会形成一种特殊的团体存在于社会中，也能够凭借团队关系留住成员。

2. 体育俱乐部与成员间的互利性

德国学校体育的利益及目的与其成员的权益及目的相互共生，不能够剥离开来。因此，俱乐部的第一行为宗旨就是要保障成员的权益，也就是说，俱乐部要把满足成员的需求放在第一位，为其提供符合成员自身要求的运动项目。成员也要对俱乐部有所贡献。在加入时，俱乐部成员与俱乐部就双方的权利以及义务进行交流，在资格认证中形成明确的书面规定，明确成员需要在入会期间履行的职责。

3. 维护体育俱乐部成员权益的本位性

德国学校俱乐部的运行始终是将成员放在核心位置上，其最终目的也是满足成员的需求，并且始终向成员的目标与利益靠拢。因此，俱乐部将成员的需求放在第一位，工作人员的工作内容就是满足成员的兴趣与爱好，由此带动并维持俱乐部的内部运转，让俱乐部有足够的发展动力。

4. 体育俱乐部内部事务参与的义务性

校园体育俱乐部成员有参与俱乐部工作的义务，义务劳动就意味着没有经济上的回报，但是体育俱乐部条例上也明确规定，可以通过这种形式让会员正式成为俱乐部的成员。

这项规定并不是在剥削成员的时间和劳动，对于俱乐部成员来说，这样的义务劳动也是有一定价值的，并且这样的运作方式可以为俱乐部节省一部分资金，所以俱乐部会根据实际情况做出这一部分预算。

5. 体育俱乐部决策的民主性

德国是一个民主自治的国家，因此学校体育俱乐部的管理制度也采取了民主化的方式。这为俱乐部的发展与管理提供了良好的制度条件。

体育俱乐部在处理日常事务时，成员都会按照公平、公正、自由的原则进行决策管理，平等关系是俱乐部内部自然形成的一种关系。

俱乐部在创建中，会制定符合发展的文件章程，所有俱乐部成员有权直接或间接地对俱乐部的事务进行决定，俱乐部的命运掌握在其成员手中。因此，俱乐部的任何发展决策都会通过投票来裁决。这种解决方式可以最大化地尊重和保障成员的利益，也能调动俱乐部成员的积极能动性，充分发挥自身的才能，自由、公平地参与俱乐部内部事务的处理，使个人权利得到尊重和保障，在互相协作中得到共同发展。

6. 体育俱乐部经营的非营利性与独立性

德国校园中创建的各种体育俱乐部都不是以营利为目的的。俱乐部的运转和发展的过程，必然需要与学校进行合作，甚至是得到资金上面的帮助，但是这并没有改变非营利性这一点，并且在管理上俱乐部是独立自主的。

德国学校体育俱乐部是由俱乐部成员直接管理的。一些俱乐部的创建和发展都依靠自身运转，可以通过社会企业的资金捐款、老会员的无偿赞助或是成员自己筹备资金开展活动，这都说明俱乐部的发展并不是以营利为主要目的，同时也可以看出其自主管理的特点，从而也体现出俱乐部与成员之间的密切关系。这也是俱乐部为什么能够实行民主化决策的原因。

### （五）德国高校体育俱乐部对我国的启示

第一，高校体育俱乐部应以人民为中心。德国俱乐部是以成员为核心，这是我国创建俱乐部需要学习的地方，以成员的利益为主，将成员的需求放在首位。德国体育俱乐部将“以人民为中心”的建设理念充分融入其中。高校中的体育俱乐部是为了让学生能够参与到体育锻炼中，能够增强体质而创建的，因此首要内容是满足成员的需求，这才是俱乐部生命力的根本展现。

第二，高校体育俱乐部的学生自主参与。高校中的体育俱乐部本身就是为了让学生们能够更好地进行运动，并且在其中找到相同体育兴趣的同学，这种有组织的安排可以让他们更有兴趣参加。可以说，支撑俱乐部形成的原因就是学生们的体育兴趣。因此，我国在创办自己的体育俱乐部时，应该参考德国的这些做法，以自由为主旋律，即自由选择参加或是不参加，自由选择运动项目，等等。

第三，高校体育俱乐部运作的民主性。大学生参加体育俱乐部是自由选择的，因此在俱乐部的运作过程中也要考虑到成员的意愿，也就是说，俱乐部在进行管理以及进行一些决策时要民主化操作，这是保持俱乐部活力的重要途径。德国体育俱乐部的成功发展就是运用了这一点。

第四，成员的权利与义务的明确界定。要明确地划分各成员的权利与义务，做好本职工作可以让成员们快速适应俱乐部，这种态度也可以很好地吸引大学生参与，让其成为大家进行体育活动场所的第一选择。除此之外，还可以减轻俱乐部的负担。德国俱乐部中明文规定成员有义务参加俱乐部的工作，这一点使俱乐部获得收益的同时，也增强了成员们的归属感与集体感。我国在进行俱乐部创建工作时可以考虑使用该形式。

## 三、日本高校竞技体育发展经验借鉴

日本竞技体育的发展主要依靠高等教育机构，学生运动员的训练、比赛和教育都是由高等教育机构来负责。日本的现役运动员，尤其是高水平的运动员大多数都进行过高等教育，这对其退役后的再就业有巨大的帮助。日本的高等教育机构主要有国立大学、私立大学、公立大学三种，其中私立大学最为重视竞技体育。因为竞技体育可以打开学校的知名度，这让学生们更加有集体感和荣誉感，也可以进行更多的校际交流，同时可以宣传本校的校园文化。

### （一）日本高校竞技体育组织系统

虽然日本的竞技体育主要通过高校来进行，但是高校中并没有设立专门的管理组织机构，而是由公益财团法人——日本体育协会（简称“日本体协”）来管理的。该协会在1911年就成立了，嘉纳治五郎——当时东京高等师范学校的校长——担任第一届会长，同时，他也是日本第一位国际奥林匹克委员会委员。随着体育的发展，日本体协逐渐扩大了体育发展的范围，不再只是进行与奥委会相关的组织管理，而是开始关注国民体育，提升国民竞技体育。第二次世界大战之后，日本体协组织成立了国民体育大会，1964年还在东京举办了奥运会，这充分说明了日本国民体育与竞技体育在此期间的快速发展，而企业体育与生涯体育（终身体育）也开始出现并发展起来。这些发展让日本的国际体育竞争力有了较大提升。1986年，日本出现泡沫经济危机，这一时期，企业体育的发展开始衰落，这也直接使日本体育在国际上的竞争力大幅度下降。为了转变当时的局面，1989年日本奥运委员会开始单独运行，专门负责日本在国际体育赛事上的组织管理。日本体协不再负责国际赛事有关的内容，而是专门负责国民体育的组织管理与普及，进行终身体育的发展。日本的最高体育管理组织就是体协，因此，高校竞技体育组织是其下位机构，主要设立的有：相关竞技体育团体，都、道、府、县体育协会，中央体育团体（这里的“中央”不是政府团体，而是指代各单项协会的中心机构）。

日本的高校竞技体育组织是一种直线型管理组织，最高组织为日本体育协会，后面由高到低为竞技体育团体、学生体育联盟、各大学体育协会。高校中的竞技体育主要由学生体育联盟负责，负责事项主要有经济获得组织、管理、运行等。该联盟组织根据项目的不同设立了不同的联盟组织，如足球联盟组织、棒球联盟组织等；其中一些联盟组织则是根据学生性别来建立的，但大多数是根据区域来进行划分，由此将联盟组织分成了9大区联盟。各个联盟会根据自己的特点制定发展目标，并成立相应的组织机构。通常联盟的目标都是围绕体育的“发展、强化、普及”来定的，而设立的机构主要是理事会，理事会成员大多都是学校的领导者和职员。志愿性与业余性是理事会运行的基本性质。

日本高校竞技体育组织为了发展高校竞技体育，创建了各种体育联盟，但是各大区之间的体育活动组织较少，缺少体育沟通。从日本的发展来看，高校内的竞技体育组织最先成立，而随着校内的各种体育活动的发展，校际与地区的竞技体育管理机构开始成立，各高校根据项目或是地区，进行各种赛季比赛和联赛。第二次世界大战后，日本政府开始对高校进行改革，成立了全国性质的高校竞技体育组织，该组织的建立主要以学生体育联盟为基础。由此可见，日本高校的竞技体育组织主要是以校际、地区、国家这一划分来建立的，竞技体育又以项目与地区来划分，从而产生了早稻田棒球部、东京大学棒球联盟、全日大学生棒球等联盟组织。除此之外，高校内的各种体育组织均是由各个竞技项目成立的组织来进行统一管理的，如东京大学棒球联盟是日本棒球组织的下属组织，但是各个项目竞技组织之间并没有联系。因为这种组织模式使得日本缺少了统一管理竞技组织的管理机构，直接导致棒球、足球、田径等比赛获得广泛关注，却缺少了一些其他项目的比赛或是综合性的比赛。

### （二）日本的全国性（地区性）高校竞技体育组织

日本有两个全国性的大学体育联盟，“全国大学体育协会”和“全日本大学体育联盟”，这两个组织的职能各有侧重。对竞技体育而言，全日本大学体育联盟及旗下的组织以项目为中心，形成全国性（地区性）的竞技项目组织是主导组织机构。

1. 全国大学体育协会

虽然日本高校并没有建立统一管理这些竞技体育组织的机构，但是却在二战之后的学校改革中成立了“全国大学体育协会”（Japanese Association of Physical Education and Sports），简称“大体协”。与其他组织的建立比较，该协会成立得较晚，却是全国性的。1949 年，通过改革旧的学校体制，体育作为一项教育课程成功进入高校。同年 8 月，为了制定高校体育的教学内容与方法，日本召开了新制高校体育协商会议。在此会议的基础上，1952 年大学体育协会成功建立，1969 年改名为“全国大学保健体育协议会”，1973 年又改为“社团法人全国大学体育协会”，这一名称一直沿用到 2011 年，2012 年经过讨论，最终改为“公益社团法人全国大学体育协会”。

大学体育协会成立的目的主要是研究高校教育中体育活动的发展，包括保健教育的发展与竞技体育的发展，也是为了让教师更好地进行体育教育，还负责对体育活动的评价和表彰、团体之间的沟通交流以及网上资料的发布和宣传，这些都是为了更好地发展高校竞技体育。大体协虽然负责全国高校的一些体育工作，但是竞赛的组织、运行等工作并不由其负责，各个高校的竞技体育组织也同样不受大体协管理。从上面的简介可以知道，大体协的工作中心在体育教育与教师培训等方面，并不是竞技体育的内容。除此之外，大体协负责大学生的体质检查，每隔几年都会对大学生进行体检，对其进行健康监测，这是大体协的一项重点工作。

2. 全日本大学体育联盟

大体协负责的是全日高校体育教育工作，大学生体育联盟则负责的是高校竞技体育比赛的组织。大学生体育联盟主要是以项目划分为不同的组织联盟，结构可分为两级：全日本大学生体育联盟和各地区体育联盟。全日本大学生体育联盟负责的是全国性质的体育竞赛。例如，日本的学生田径联盟，该联盟的组织结构较为完整，最高机构是社员总会，其下位组织为监事会和理事会，其中理事会下设置了 8 个委员会，除此之外，还设有事务局与学生会员，这些机构共同管理日本整个国家的 8 个区域的学生田径联盟。田径联盟的主要任务就是组织开展每年的全国大学生田径比赛，负责选拔具有体育才能的田径运动员。田径联盟代表日本参加国际性的田径比赛以及世界大学生运动会比赛。各地区体育联盟与大学生体育联盟不同的是，其负责的区域较小，地区体育联盟主要是组织管理本地区的竞技比赛。根据日本行政区的划分，地区体育联盟被分为九大区，大区之下还设立了小的地区联盟。大地区的代表区域为关东与关西，而小联盟则有“关东大学”，该联盟每年都会举办棒球、足球、美式橄榄球等项目的比赛。虽然日本的体育大学联盟管理着各地区的体育联盟，但是实际上地区体育联盟有着很强的自主权。例如，在组织体育比赛方面，大区联盟并不需要通过全国大学生体育联盟来进行管理，它具有自主管理权。除此之外，各地区体育联盟进行的赛事水平要更高一些，这样可以更好地进行高校竞技体育文化的传承工作。例如，“关东学生田径联盟”有一项竞技比赛“箱根接力跑”，虽然是日本学生田径联盟进行组织管理的赛事，但是有关该项比赛的组织、参赛规则的制定以及参加的学校、服务人员等并不是由日本学生田径联盟来管理运行的，负责该项比赛的主要学校是关东学生田径联盟所注册的大学，因此，日本学生田径联盟并不把这一项比赛归为他们负责的赛事中。“箱根接力跑”是日本一项具有较高水平和较大影响力的比赛，后面发展起来的大学生接力跑的水平与影响力都不如该项比赛。

3. 全日本大学棒球联盟

棒球这项运动在日本被称作“国技”，其能够得到全国认可的一个原因就是，日本培养出了众多优秀的棒球选手。日本的棒球组织覆盖了各个年龄层，有着很多经典的棒球比赛，最受青少年欢迎的是学生棒球。“甲子园”棒球比赛是日本高中棒球运动员都想参加的比赛，每年都会吸引大批民众前来观看。大学生中最受关注的比赛为“早庆战”，即早稻田大学与庆应义塾大学之间的棒球比赛。这一比赛传统已经有百年的历史，这期间出现了众多的高水平的优秀运动员。日本的学生棒球能够发展这么长时间依然活跃，离不开其组织机构的高效运作。1990 年，日本学生棒球协会成立，协会主要进行各个年龄阶段的学生棒球比赛的开展，包括组织、管理、宣传等工作。在旧有体制下，日本并没有组织建立专门管理大学生的全国性质的棒球组织，相应的比赛组织工作都是由学生棒球协会负责。改革后，在新的教学体制下，日本学生棒球协会组织成立了全日本大学生棒球联盟，该联盟负责 7 个地区的大学棒球联盟，共有 26 所大学。2012 年，该组织变更为公益财团。全日本大学棒球联盟需要遵循日本学生棒球宪章，致力于发展大学阶段的棒球运动。该联盟主要负责 3 项棒球运动比赛：日本大学棒球锦标赛的选拔赛，主要是通过组织大区比赛选拔优秀的大学代表队；日本大学生棒球锦标赛与世界大学棒球锦标赛的选拔赛，主要是选拔优秀的大学生运动员。而其他的棒球比赛直接由各大区联盟或是小的区域联盟组织进行。

由此可见，日本高校的竞技体育比赛并不由全国大学体育协会负责，而是由日本大学生体育联盟进行组织管理，日本大学生体育联盟也是日本各个体育联盟的连接点。日本根据项目划分成立的大学组织，对项目的发展和举办有很大的权力。日本有一些项目联盟有着较高的运动技能水平、深厚的历史文化，因此拥有较大的话语权。这就让全国大学体育联盟的成立丧失了主动权，该组织也就没有了组织相应赛事的权力。

4. 早稻田大学竞技体育组织

日本的私立大学也是竞技体育发展的较大助力，它与国立大学和公立大学不同的是需要自己筹备资金，进行招生。因此，私立大学非常注重校内竞技体育的发展，目的是利用赢得竞技体育比赛来打响学校的知名度，吸引学生来校内学习，从而扩大学校资金来源的途径。日本的高校竞技体育能有如今的成绩，主要依靠私立大学。早稻田大学最初只是建立了各个运动项目的竞技体育组织，随着竞技体育的发展逐渐成立了统一的大学体育组织。体育活动在学校的活跃发展，使得兴趣相同的同学们互相认识，随着人数的增多形成了“同好会”，开始举办各种校内比赛和校外比赛。各种比赛的发展也就意味着会出现突发事件以及不可避免的冲突，这就促使学校成立了运动部（体育部），该部门专门解决这些问题，若是有一些严重问题校方会出面解决。随着比赛的增多，学校为了便于管理体育赛事，成立了专门的管理运动部活动组织，全校竞技体育组织就此形成。

成立伊始，早稻田大学的竞技体育组织是以项目划分，各项目之间形成了属于自己的运动管理部门，主要由学生来进行组织管理。1902 年，体育教师开始对学生们进行指导，在老师的帮助下学生们创建了 6 个项目的运动部，分别是柔术、击剑、射箭、棒球、网球、赛艇，并且开始组织举办校内和校外的竞技比赛。当时最受欢迎的两个项目是棒球和网球，被称为“国技”的棒球至今受到日本全国的欢迎。通过棒球中最为著名、经典的赛事“早庆战”，大量的优秀大学生棒球运动员被人们认识。20 世纪初期，日本的竞技体育完全是依靠大学来进行发展的，参加世界比赛的运动员大多是大学生运动员，这一时期早稻田大学为日本竞技体育的发展做出了巨大贡献。例如，日本第一位获得奥运冠军的运动员织田干雄是早稻田大学的学生。与此同时，早稻田大学形成了自己的竞技体育文化的雏形。1927 年，早稻田大学中的各个项目的体育部共同组织、设立了“体育日”。新进入体育部的学生需要进行队伍游行，在此之后，请学校校长和体育部代表（通常为体育部加入时间较长的运动员）讲话，并将名誉旗帜颁发给上一年度的冠军。这一活动直到现在依然在进行，成了新学生入会以及优秀运动员进行表彰的传统活动。这也是早稻田大学传承本校竞技体育文化的一种形式。

20 世纪 50 年代后，大学体育开始实行行政一体的政策，为了更好地发展课外体育及教学活动，早稻田大学成立了“体育局”这一管理部门，将体育会与体育部合并在一起，统筹管理之前的 34 个运动项目。“体育局”的成立使竞技体育管理有了统一管理的部门。至此，早稻田大学的竞技体育开始进入稳步发展阶段。进入 21 世纪后，早稻田大学为了赶上新时代竞技体育发展的脚步，将“体育局”进行了改革，并改名为“竞技体育中心”，主要工作涵盖了四个方面：一是负责各个体育部门之间的联系和沟通；二是为各个体育部门提供资金帮助；三是体育设施的管理与维护；四是与其他组织进行合作，完成部门目标。为了让学生们能够能到更好的训练，除了利用校内的体育场地和设施外，学校在校外也租赁了一些场地作为学生们的训练场所。

早稻田大学的竞技体育已经发展了一百多年，已经有了自身的文化特色和文化传统，它是日本高校竞技体育的优秀代表。学校通过设立竞技体育组织来提升学生运动员的运动水平，培养出了大批优秀运动员，提升了日本在国际上的竞技体育竞争综合实力。同时，学校的各个项目的体育部通过发展自身项目，形成了有自己特色的体育文化。学校竞技体育的管理也有着成熟的体系，这是高校竞技体育发展的有力保障。早稻田大学成立的“体育日”，在体育文化传承方面也有着巨大的作用，通过“体育日”的宣传，带动各个年级的学生参加体育竞技比赛。除去校内的体育比赛，体育部还会组织学生们参加校际的竞技体育比赛，这些高校比赛得到了社会的广泛关注，提升了学生的竞技水平，学校也可以通过比赛得到有力的宣传。

### （三）日本高校竞技体育组织特性

1. 独立性

日本高校竞技体育机构有着明显的独立性质。

（1）高校竞技体育组织为法人机构。但地区性的组织与全国性组织的法人机构并不相同，地区性的机构多数是一般的财团法人机构，但是全国性质的机构是公益财团法人。虽然按照组织结构，它们应该都由日本体育协会统一管理，但实际上有关竞技体育的组织、管理等都是由法人机构自己管理，日本体育协会并不涉及其中，这体现出其独立性。

（2）高校竞技体育组织机构运行的独立性。各个高校内的竞技体育组织管理机构之间并不牵扯，独立运行，在赛事的组织、运行方面都有很大的权力。由于各个竞技体育组织都是独立运行的，于是产生了较多的固定赛事，并且传承下来，形成了独特的体育文化传统。但是这也为全国组织统一的体育赛事带来了阻碍，各个体育组织独立运行，管理松散，发展不集中是日本大学生体育竞赛未能形成统一管理组织的最大原因。

2. 松散性

日本高校竞技体育机构都是独立运行的，各组织机构发展较为松散。主要体现在以下方面：

（1）日本主要有三种不同类型的大学：公立大学、国立大学、私立大学，这也就导致形成的竞技组织不相同。通常来说，这三种大学有着众多的竞技体育组织，且大多都是分开组织的，并没有形成全国性质的统一的组织。例如，东京大学竞技联盟就是私立学校之间联合成立的，并不包含国立大学与公立大学。

（2）日本高校内的竞技体育组织都是根据项目来进行组织划分的，如棒球联盟、足球联盟、田径联盟等。在日本，关东与关西是高等教育的重要地区，并且这两个地区的私立大学成立了竞技组织，但是这些联盟组织依然是以项目运动来进行分类组织比赛的。例如，著名的“早庆战”棒球比赛，早稻田大学与明治大学的橄榄球赛，这些比赛并不是由统一的竞技体育组织举办的，而是由各自的体育联盟进行组织的。

（3）日本高校竞技组织并没有形成统一的组织。虽然日本设立了全国性的大学生体育组织，但是其管理范围较小，并不涉及高校的经济体育赛事组织方面的事务。日本的高校竞技体育组织是将区域、属性以及项目三个因素综合考虑建立的，因此难以建立统一的管理机构。

3. 自治性

日本高校竞技体育组织机构的自治性主要体现在各个地区和高校内各体育组织的管理上。

（1）日本高校内竞技体育组织大多都是由学生自行组织建立的，最早是因为兴趣相同而组成“同好会”，这一阶段比赛时出现的各种突发事件与问题、制定竞赛规则、建立竞技组织等都是由学生解决、管理的。成立体育部后，这种学生自治的行为依然沿用下来，体育部成为学生进行自治管理的机构，学生能够充分参与到活动的组织、管理、运行过程中。例如，体育部可以自己组织校内和校外的赛事活动，并负责活动中的一切事务。

（2）日本高校竞技组织的运行管理是由各高校人员组成的，专门负责高校间的竞赛组织管理。例如，日本学生田径联盟的最高权力机构是社员总会，下属部门有理事会、监事会、学生会员。其中，理事会与监事会负责人大多是由大学教师或是毕业校友来担任，学生会员主要是现役学生。这种设立方式可以让高校管理者拥有管理权力，同时学生们也参与其中，可以提高学生们的积极能动性，更好地发展高校竞技体育。

4. 差异性

虽然日本具有三种类型的高等教育机构，但是学校所设立的竞技体育组织并没有较大的差异。例如，东京大学的体育部的组织规模与早稻田大学的并没有较大差异。而三种不同类型学校的差异主要体现在招生方面。私立大学进行办校需要自己筹备资金，因此扩充生源是其资金来源的一种渠道。私立大学通过发展校内竞技体育来吸引优秀的体育运动员，为此建立了完善的体育组织机构，还设立“特待生制度”和丰厚的奖学金，并且通过参加各种竞技比赛来体现学校的竞技体育水平，达到宣传学校的目的，吸引社会民众的关注，扩大招生规模，促进学校的发展。竞技体育是推动私立大学持续发展的重要因素。不同于私立大学，国立大学与公立大学可以得到政府资金的帮助，办校资金上并没有压力。因此，这两类高校并没有设立相应的优厚政策去吸引高水平运动员的加入，这也是三类学校竞技水平产生差异的原因。在 2014 年的东京六大学棒球比赛上，东京大学作为联盟中唯一的一所国立大学参加了比赛，这次比赛中东京大学棒球队战败，创下了连败 86 场的记录，这也说明了国立大学的竞技体育水平与私立大学还有相当大的差距。因此，日本高校竞技体育的发展依靠的是私立大学竞技体育的发展。

5. 历史传承性

日本高校竞技体育组织的发展是从学校开始的，逐渐扩展到地区，再到全国，这说明高校竞技体育组织是发展重点，也是高校竞技体育具有多样性、历史性、传承性的原因。高校根据项目的不同而设立组织机构，并由此形成了具有特色的竞技体育文化与传统，如早稻田大学的棒球、筑波大学的足球、明治大学的橄榄球都较为著名。在日本，办学时间较长的大学都有知名、出色的体育部。学校竞技体育项目的发展也是依靠学校体育部来进行的，因此，各个体育部逐渐形成了具有自身特色的体育文化。例如，体育部逐渐产生了属于本部门的部徽、部歌、比赛记录、颜色标识和部旗等，这也是竞技体育文化传承的重要内容。

除此之外，还有赛事文化的传承。一些校际或地区的竞赛每年都会举办，逐渐流传下来成为一种传统。例如，“早庆战”棒球比赛不只是一场比赛，也是棒球文化的重要部分；“箱根接力赛”因历史悠久成为日本的新年习俗。这些高校赛事经过长时间的发展最终成为一种传统的文化形式。比赛能够长期举办下来，并且经过校内、校际、地区以及国家性的竞技组织支持与发展，才能将高校的竞技体育文化继续传承下去。日本各个高校的竞技文化都有着独有的特色，高校的竞技组织也形成了独有的标识，这使得在校学生或是已经毕业的学生在观看比赛时能够产生认同感、归属感和荣誉感。所以，高校的竞技体育文化是高校文化的重要组成部分，是高校精神传承的一种重要形式。

### （四）日本高校竞技体育组织的形成机制

日本的高校竞技体育组织一直是遵照“学校—地区—国家”的路线来发展的。组织机构的设立与发展是依照项目进行划分的，并以此为基础构成日本高校竞技体育的管理体制与运行机制。日本的高校竞技体育组织在发展的过程中，学校与地区占据了相当重要的地位，因此，地区性竞技体育联盟在高校竞技体育的发展中成为重要角色。虽然这对传承高校竞技体育文化有着巨大的帮助，但是在发展过程中也存在着局部管理与整体管理之间的矛盾。即使为了解决该问题日本政府设立了全国性的高校竞技体育组织，但是收效甚微，区域性组织依然有着很大的话语权。除此之外，虽然私立大学与国立大学都要遵循国家的组织政策，但是私立大学设立了一系列有利于运动员发展的政策，并且在文化传统方面也比国立大学发展得好，因此，国立大学的竞技水平与私立大学的有着较大的差异。由此可知，当前日本虽然设立了全国性的高校竞技体育管理机构，但是并没有管理各地区竞技体育组织的权力。这就导致一些项目的比赛次数过多，组织效率不高，全国性的竞技比赛难以组织起来，即使成功举办也没有产生较大的影响力，关注度不够。

### （五）日本高校体育俱乐部对我国的启示

1. 确立在国家竞技体育组织中的地位

中华人民共和国成立后，在苏联体育模式的影响下，不再使用清末民国时期的高校竞技体育组织模式，建立了新的行政机制，设立了国家体育委员会。至此，国家体育组织取代了大学机构，高校竞技体育组织不再拥有体育话语权，国家开始主导竞技体育的发展。从 20 世纪 80 年代开始，我国就开始制定相应的政策发展高校竞技体育，并成立了相应的高校竞技体育组织，但是直到现在高校竞技体育在国家竞技体育中的发展定位依然模糊不清。而从日本高校竞技体育组织的发展来看，我国这种现象的出现主要是因为高校竞技体育组织在国家发展竞技体育的过程中没有话语权。

在竞技体育快速发展的今天，我国应该适当地给予高校竞技体育组织话语权，从而让高校竞技体育可以明确自身的发展定位。

2. 培养高水平的学生运动员

20 世纪 50 年代末，我国开始实施 3 级训练体制，经过不断的完善发展，形成了一条固定的培养高水平运动员的路径，即“体校—体工队（体育学院）—国家队”。这一时期国家实行举国体制，为高水平运动员制定了高效的训练机制，并且在高水平竞技比赛中取得了好成绩，这一体制的实行直接导致高校竞技体育发展的停滞。由此可见，此时国家体育组织的改革对高校竞技体育组织的发展造成了巨大的冲击，使其丧失了话语权，因此直接导致高校竞技体育文化的缺失。纵观日本高校竞技体育组织的发展路线，即“学校—地区—国家”，这种从学校开始发展的方式，可以构建稳固的组织机构，让高校竞技体育的发展不受外部环境的影响。在此前提下，一些赛事经过长时间的发展和传承形成了自己的体育文化传统，最终成为各个大学体育文化的一部分。这些赛事在发展过程中水平得以提高，逐渐成为日本竞技体育的支柱项目。从近几年日本参加国际体育赛事的运动员年龄来看，大部分是在校大学生。

我国应该开始注重高校竞技体育文化的发展，并以项目为中心，形成中国特色的重要赛事，培养高水平的大学生运动员，从而推进竞技体育体制的改革。

2014 年 6 月，日本奥委会组织与日本的 552 所大学就奥运会相关事宜达成协议，为 2020 年东京奥运会的成功举办进行了教育、培养人才等方面的合作。日本的各个大学都为东京奥运会提供比赛场地、设施以及志愿者等。由此可见，日本高校在日本竞技体育的发展中有着不可或缺的地位。虽然日本高校竞技体育的发展稳步前进，但是依然存在一些问题，因此一些专家们给出了相应的建议。例如，建立全国统一性质的竞技体育组织，不再以项目为中心进行发展。我国应该认识到日本高校竞技体育发展的重要性，企业竞技体育的没落使高校成为日本竞技体育的重要发展场所。与日本相比，我国高校竞技体育的发展最主要的问题是竞技组织缺乏独立性以及体育文化传承的缺失，我们要发展高校竞技体育就要先解决这两个问题。

## 四、美国高校竞技体育发展经验借鉴

美国的高水平竞技运动员的培养并没有一个固定的培养体系与路径，人们想要向体育方向发展或是进行体育锻炼都有众多方式。例如，职业棒球为了培养发展优秀的棒球运动员建立了一个小的联盟体系，体系内的球队队员有的是学校学生，有的是其他体育组织成员，并且队员的级别也不尽相同。职业冰球也成立了冰球小联盟，职业篮球与职业橄榄球更是各自成立了自己的发展联盟。职业体育组织一般具有较为强大的经济实力，可以建立小联盟或是发展联盟。联盟的成立是为了吸引更多的人关注该体育项目，招揽更多有潜力的人员参加，这不仅可以促进体育项目的进一步发展，还可以为自身发展进行后备人才储备。

具备参加较高水平的、职业化的体育运动资格的人数并不多，职业体育发展联盟主要是引进具有稳定基础和潜能的体育人才，而其他人可以通过其他路径参与体育事业的发展。因此，参加体育运动最为普遍的方式是参与学校竞技体育运动。各学校为支持学生参加竞技体育活动建立了学校运动体系。该体系是发展美国竞技体育不可或缺的一部分，也是培养高水平竞技体育人才的重要途径。

### （一）美国业余竞技体育运动体系

美国有职业竞技体育与业余竞技体育两大类。其中，美国业余体育运动得到了良好的发展，全国各地都成立了众多业余体育组织，开办了各种运动机构。因此，美国设立了大学生体育联合会（NCNN）组织，并以该组织为中心建立了完善的学校竞技体育体系。

20 世纪 70 年代，为进一步发展业余竞技体育，为了在奥运会上战胜苏联，美国政府颁布了《业余体育法》，并且以此为基础建立了业余竞技体育体系。

该体系是以美国奥委会（USOC）为核心建立的，除此之外，还包括了美国各单项体育联合会（NGBS）、美国业余体育联盟（AUU）、基督教青年会（YMCA）、美国男孩女孩俱乐部（BGCA）、残疾人体育组织（Disabled Sport），以及美国大学生体育联合会（NCAA）等学校竞技体育组织。

这些体育组织构成了学校体育体系、行业体育体系、社区体育体系、单项体育联合会体系等。这些体育新体系都需要遵循《业余体育法》，在这些体育体系的共同协作下形成了美国的业余竞技体育体系。虽然美国奥委会是该体系的核心，但是单项体育联合会体系以及学校竞技体育体系也有着重要的作用，培养并输出了大量的竞技体育人才。

### （二）美国学校竞技体育体系

美国学校竞技体育体系的建立始于 20 世纪初，1906 年美国大学生体育联合会（NCAA）的前身美国校际运动联盟（IAAUS）成立，此后，它分别成立了大学层面的和中学层面的竞技体育组织，这些组织共同构成了学校竞技体育体系。

学校竞技体育体系主要包含了大学和中学两大体育组织，其中大学体育组织主要有美国大学生体育联合会（NCAA）、全国大学校际体育协会（NAIA）、全国初级学院体育协会（NJCAA）；中学体育组织则有全国中学体育联合会（NFSHSA）。大学生体育联合会主要是由一些较大的综合性大学组成的，而全国大学校际体育协会管理的主要是一些四年制的小型学校。全国初级学院体育协会构成学校都是两年制的专业学院或是社区学校。全国中学体育联合会则是管理全美国的所有高中学校的体育事项。

成立体育协会的目的就是推动体育运动的发展，培养高水平的体育竞技人才，为此各大体育协会每年都会举办校际体育竞赛。随着体育竞赛的发展，它已经成为教育的重要组成部分，为体育竞赛制定公平的竞赛规则，将比赛的记录进行保存，完善体育赛事体系。

实际上，体育体系的建立并不是只为了发展高水平的竞技运动，也是为了让普通学生可以参与体育活动，因此每年都会举办多种类型的体育活动，涵盖各种体育项目，给学生们制造更多参与体育运动的机会，并为他们提供良好的物质条件。由此可以看出，体育体系的建立是以进行竞技体育运动为主，各种竞技体育活动推动了学校体育的发展，要将体育运动这一思想灌注到民众中。同时，学生们在活动中通过体育锻炼增强了体质，提高了学习与生活质量，这让美国社会、学校与教育体系进一步认可了体育的价值。

### （三）美国学校竞技体育的主要特性

1. 体育运动项目开展的广泛性

在美国，进入体育领域的主要方式就是通过学校参加竞技体育运动项目。各大学校每年都会举办各种体育活动，学校运动员有很多参与体育运动的机会，学生可以通过学校体育体系提高自身的竞技水平，从而在体育中获得成功。美国的高中学校几乎都开设了橄榄球、棒球、篮球、游泳、田径等体育课程，同时也开设了排球、网球、体操等运动项目，这些体育项目课程虽然并不是在每个学校都开设，但是大部分学校都将其纳入开设课程。而类似冰球、赛艇等项目因为对训练条件有一定的要求，因此只在相应的一些地区的学校开设。除一些冬季体育项目以及一些射箭、射击等有危险性的项目外，大多数的体育项目都会在中学进行学习。

全国中学体育联合会依据美国高中体育项目的开设情况举办一些校际比赛，同时依据各个州、各个学校的整体情况进行一些项目的推广。不同于高中，美国大学生体育联合会一共开设了 24 个体育比赛项目：13 项球类运动，11 项非球类运动。美国大学生体育联合会对于想要参加的学校有一定的要求，即学校必须组建 4 支男生运动队和 4 支女生运动队。虽然联合会中开设的体育项目并不多，但是这 24 个运动项目在各个大学得到了有效的推广，也得到了良好的发展。

2. 体育运动参与途径的多样化

美国的体育体系将中学与大学的体育连接在一起，高中学生进入大学后依然可以参加各种体育活动。大学所设立的体育竞赛部会为学生们提供参与体育运动的机会，但因为所上学校不同，所以能够参加的体育项目的种类与数量都会有差异。除此之外，大学校内建立了各种体育俱乐部，俱乐部主要是一些兴趣相同的学生们组织建立的，因此它的运行是独立的，不在体育竞赛部与美国大学生体育联合会的管理范围之内。但是学校中的俱乐部与学校体育相关的部门和组织有着密切的联系，并且得到了学生会以及学校体育体系的大力支持。

大学的体育竞赛部与俱乐部主要是为普通学生提供参与体育运动的机会，是为对体育有兴趣、喜欢体育锻炼的学生们提供的，并不适合运动水平较高的学生运动员。竞赛部因为是学校建立的，所以学校方面会提供相应的场地和设施。由于俱乐部是学生们自发组织的，学校不会对俱乐部进行管理，也不提供设施等帮助。这两个体系的建立是为了弥补高水平竞赛的空缺，既可以丰富学生们的业余生活，还可以促进学生们进行体育锻炼，进一步加强了体育教育功能，达成了美国学校体育教育的目的。

一般的高水平竞技体育人才都是从青少年开始培养的。在美国，中学生有着众多路径去参加体育活动。最基本的途径就是参与学校的体育课程。其次是加入学校校队，中学的校运动队招收起点并不高，只要你对体育有兴趣、有热情就允许加入，当然更加欢迎具有一定运动水平的学生。再有就是参加校内建立的俱乐部。这些俱乐部并不是免费加入的，需要收取一定的费用。大多数参加体育俱乐部的学生是因为对体育感兴趣，还有一部分学生是想通过体育这一途径成功进入大学的校门。当然，还有一些学生是为了将来进入职业体育领域而加入的。学生还可以参加社区体育组织或是国家管理机构组织的体育互动。美国各单项运动协会每年也会举办各种类型的体育竞赛，或是组织训练营进行体育训练，这些组织和机构为美国学生提供了更多参与体育活动的机会。

3. 体育运动与教育的紧密结合

美国将学校竞技体育体系与学校教育进行了融合发展，并且将教育意义作为学校竞技体育的价值目标。体育成为学校教育学生的一种方式，并且学校也制定了严格的规章制度对学校运动员进行各方面的教育。

美国大学生体育联合会的建立目的不仅仅是培养高水平运动员，更是让体育进入到学生们的课堂中和生活中来。在该体系的保障下，学生运动员们可以更有效地进行运动训练、体育竞赛以及学习，还可以让大学生们的课余生活更加丰富多彩，让体育进入学生的日常生活中。当然，在参与体育活动的同时，学校对学生们的学习也有着严格的规定，学员们入学需要通过学业能力倾向测验（SAT）与美国大学入学考试（ACT），对于违反规定非法招生的学校，会对其进行一年禁赛或是禁止一年内招收新学员的处罚。对于大学内的学生运动员，若是平均学业成绩低于 2.0，或是有一科成绩不及格，就不允许参加比赛。竞赛管理部门还制定了与请假相关的规定，学生参与比赛相关事宜的时间若是与上课时间有冲突，是允许请假的，但是想利用上课时间进行体育训练则是不允许的。

美国国家高中协会（NFSH）的成立是为了促进学校的体育教育，在对学生们进行教育的同时，鼓励并且支持学生们参加体育活动。该协会制定了一系列的比赛标准，帮助参与协会的学校举办相应的体育活动。除此之外，该协会还进行了一系列的体育教育推广活动，其中最具有影响力的是预防伤害活动与少数民族参与项目。前一项活动是为了让学生学会自我保护，避免遭受体罚、性骚扰、虐待等；后一项活动是以体育活动为媒介，让少数民族的学生也参与到教育与社会活动中。

综上所述，美国只是将竞技体育运动作为教育的一种手段，教育依然是其建立的最终目的。该体系只是以体育这种教育方式丰富学生们的课余生活，让他们能够全面发展，让体育融入学生们的学习与生活中，使其终身受益。

### （四）美国学校竞技体育的积极影响

美国的业余竞技体育体系为美国的体育事业做出了巨大的贡献，提升了美国体育的综合竞争力，并且在奥运会、世锦赛等国际比赛上取得了很好的成绩。

第一，学校竞技体育系统为具有体育才能的学生提供了发展的机会。在美国，体育在社会上有着重要的作用，学生可以凭借优秀的体育成绩进入好的学校，学校举办的一些体育竞赛在社会上也有一定的知名度，获得了民众的认可。因此，学校还为体育优秀人才设立了相应的奖学金，甚至专门提供各种优厚的待遇来吸引具有体育才能、经济水平高的学生进入学校，以此来提高校内运动队的整体水平。而具有运动才能的学生可以在学校这个平台上发挥自己的才能，获得关注和认可；毕业后，也可以凭借自己的运动技能来就业，还可以从事职业体育行业。

第二，通过学校竞技体育系统培养出大量的优秀体育人才，为美国职业竞技体育和业余竞技体育提供人才资源。高校中的运动员经过了长时间的技能训练，竞技运动水平较高，毕业后可以直接从事职业体育，成为职业运动员。美国高校运动员一直是美国参加奥运会争夺金牌的主力人员，虽然职业运动员也可以参加奥运会，但是取得的成绩并不如业余运动员，因此为大学生运动员提供了很好的展示平台。从美国获得金牌的体育项目可知，这些项目大多是学校大力发展的运动项目。

第三，体育学校的文化认同符号。美国学校的资金来源有一部分是通过校友捐赠获得的，这代表校友对学校的一种认可。这种认可不只是局限在校园环境、建筑、师生等方面，还可以是活生生的符号——体育赛事与运动队。在美国，一些毕业多年的学生依然会关注学校运动队的赛事成绩，这是校友与学校的一种情感交流媒介。在校生在学校中会穿着有本校运动队标识的服饰，比赛期间会为自己学校的运动队加油，学校网站的首页会持续更新运动队的相关信息。这一体系成功地将体育与教学进行了结合，还将体育打造成学校的代表符号。

### （五）美国高校的“体教结合”发展模式

美国在高校中成功实施了“体教结合”这一发展模式，而我国的这一模式还处于发展阶段，因此我国需要借鉴美国成功模式的经验，来完善我国“体教结合”的发展路径。

1. 体育育人与教育优先的理念

在美国，体育有着重要的地位，很多人认为体育是人们通向成功的一种重要手段，因为美国很多政治精英、商业成功人士都是体育爱好者，都有着非常精彩的运动史。例如，美国前总统奥巴马喜欢篮球运动，曾经获得过夏威夷州冠军；商业精英比尔·盖茨小时候喜欢体育运动，并且参加过“童子军 186 部队”，养成了锻炼身体的良好习惯；苹果创始人乔布斯在学生时代是一名优秀的游泳运动员。在美国，体育不只是一种强化身体素质的手段，更多的是培养运动员的团队精神、规则意识以及法律意识。运动已经融入美国民众的各个方面，体育的价值也得到了人们的认可和重视，并且将竞技体育与教育融合在一起。虽然体育具有教育价值，但是在美国高校中，文化教育依然放在学生教育的首位。美国大学生体育联合会有明确的规定：“运动员是学生的组成部分，不允许把运动员视为获胜的工具，必须保护运动员的身心健康，保证学业，参加体育竞赛只是大学教育经历的一个组成部分。”这就表明美国在竞技体育教育面前依然遵循“教育优先”的理念，并且以该理念为中心制定了一系列的规则方针，确保高校教育的完成。

2. 多维强劲的竞技体育发展动力

美国高校多达 4 300 所，总人口数大约有 3.2 亿。根据国家最新统计数据，截止到 2018 年 3 月 31 日，我国高校数量为 2 914 所（包括独立学院），但是我国总人口数约有 14 亿，可以明显看出美国高校的数量要多于我国，国内在学校招生方面的竞争很激烈。美国高校有两种类型：一种是私立高校，另一种是公办高校，两大体系之间存在着资源方面的竞争。美国高校的市场竞争问题较为明显，学校需要利用各方面优势进行宣传推广，提高知名度，但是学校的性质限制了其宣传的方式，传统的发放广告形式并不适合进行学校宣传，因此体育就成为学校进行宣传推广的重要手段。体育本身具有积极向上的含义，美国又具有悠久的体育文化传统，这就使高校有了发展竞技体育的动力。而竞技体育的发展不仅可以提高学校的知名度、关注度，还拓展了学校资金的来源。

3. 严格的学生运动员文化入口

NCAA 作为美国大学体育的主要管理部门，其秉承的宗旨是培养健全人格和全面发展的运动员，在强调运动天赋的同时，也注重文化成绩。在运动员招生环节中，设置严格的文化标准：学生运动员必须来自高中，在高中阶段核心课程必须达到相应要求。根据 NCAA 的新规定，自 2013 年 8 月 1 日开始，申请进入 Division Ⅱ层次的院校，同样需要完成 16 门核心课程；同时对学生运动员的 SAT 成绩（学术能力评估测试）、ACT 成绩（美国大学入学考试）以及核心课程的 GPA（平均成绩点数）都有明确的规定，并作为学生运动员评定奖学金、参加训练与比赛资格的评价依据。

4. 完备的高校竞技体育规约制度

美国高校竞技体育有着完备的规约制度体系，这是其能够发展的有力保障。形成这一完备的规约制度的原因有两点：一是美国为高校竞技体育的发展提供了良好的环境氛围；二是美国的竞技体育法规建设较为完善。美国民众有较强的法制意识，因此法制环境也相对较好，受此影响的美国高校也一直遵循的是依法治校。

在美国，学生的体制健康问题是国家一直关注的重点，不仅是国家层面，就是社会和家庭层面对此问题也相当重视。因此美国政府出台了一系列的法规政策，学校与体育组织机构按照国家要求制定了相应的教育制度与法规制度，这些制度主要是为了让学生们可以通过体育锻炼，增强身心健康，让体育的教育价值完全体现出来。其中《业余体育法》对高校竞技体育的发展有着重要的指导作用，在遵循法律法规的基础上，对高校体育管理机构针对学员的招生、运动员的学训矛盾、竞技比赛、学业成绩等方面制定了严格的规定。美国大学生体育联合会为了能够更好地进行高校运动员的招生工作，设立了联合会全国招生办公室，还设立了对生源进行资格审查的委员会，学校方面也专门设立了服务中心。除此之外，学校对选拔条件和入学权力也进行了明确的规定。针对在校的学生运动员，学校为了缓解学生兼顾学习与训练的双重压力，调整了学生运动员的学习年限，正常学生为 4 年制，而学生运动员可以延长至 5 年。但对他们的学业成绩也进行了规定，每学年的成绩必须要达到学校的最低要求，否则将会进行停训、停赛。在训练方面，学校规定学生们的训练时间每天要在 4 小时以内，每周最多的训练时间为 20 小时。这些规定可以有效缓解学生运动员的学训矛盾，还可以保证他们得到有效训练，并且顺利毕业。

5. 成熟完备的高校赛事体系

竞技体育想要稳固发展就需要构建自身的竞赛体系，成熟的竞赛体系可以为竞技体育的发展提供有力的制度保障。美国大学生体育联合会在 1906 年成立后，一直负责高校竞技体育的发展，它是全美规模最大的管理机构，管理范围较广，加入该协会的学校数量也较多。该联合会设立了20多个体育项目进行重点发展，冠军设置了80多个，每年能够吸引大量的学生运动员来参加各个项目的比赛。美国大学生体育联合会是由众多学校共同发展组建起来的，实行的是联盟制度，因此学校之间的比赛都会在联盟的内部进行举办。高校的体育联盟是以地理位置来划分界线的，通常是由具有相同规模和学术水平的6所及以上高校组成，这些联盟的成立主要是为了进行竞赛活动。该联合会中因为体育联盟较多，因此将联盟进行了三个等级的划分，这些联盟全部需要按照联合会的规定进行发展。联合会会根据市场变化以及季节的不同对赛事进行分配。例如，春季开展的大多都是户外运动的比赛，如棒球、高尔夫球、足球、赛艇等项目；秋季时，越野赛、曲棍球、女子排球、橄榄球等项目的比赛开展得较多；冬季主要开展室内体育运动项目，如篮球、击剑、游泳、冰球、摔跤、室内田径等。正是因为美国竞技体育赛制成熟，才能让高校竞技体育稳固、快速地发展。

6. 有效的体育运动人才激励保障措施

美国高校竞技体育设立了激励机制。美国大学生体育联合会专门为学生运动员设立了丰厚的奖学金，并且对其生活方面也提供了帮助。联合会为加入的学校运动员设立了“经济援助”，只要符合规定制度就能够获得可观的奖学金和教育财政补助，这些奖金和补助足以支持学生的学费和生活开支。但是除去上述条件，学生运动员还需要具有优秀的体育成绩和学业成绩，从这一点可以看出学校并没有忽略运动员们的文化教育。学校为学生提供了文化教育条件以及经济上的帮助，这都是为了让运动员能够兼顾学习与训练。在给予学生运动员奖学金的同时，联合会对每个项目获得奖学金的人数进行了限制，避免出现不公平的现象。除了金钱上的奖励，联合会还设立了运动科学研究机构，专门为运动员的健康服务，减少学生们的运动损伤，延长他们的运动寿命。为此，还提供了保险服务，若是运动员在比赛中发生了严重的意外事故，联合会将为其提供救助资金。

### （六）美国高校体育俱乐部对我国的启示

竞技体育发展改革是大势所趋，学校发展竞技体育中的地位和优势客观存在，我国高校竞技体育发展需要一个耐心的培育过程。

1. 建立“以生为本”的竞技体育发展观

“以生为本”是我国进行高校竞技体育发展时需要遵循的原则，在对学生进行体育教育时，避免将学生当作获得优秀体育成绩的工具。这种异化现象存在于我国竞技体育的发展中，因此高校竞技体育的发展应当吸取教训，不再重蹈覆辙。高校中的体育教育应该起到引领的作用，让体育价值融入社会中，获得社会的认可。高校进行体育教育的目的不再只是为了获得体育成绩，更是为了让学生得到全面发展，健全人格发展，培养精英人才。因此，我国在进行教育体制改革时，要重视高等教育的改革，同时要注重高校竞技体育的发展与学生体育活动的开展情况。当前体育事业发展势头迅猛，我国政府也发布一系列的政策来推动体育的发展，在国家与市场的双重支持下，我国的体育文化也有了良好的发展条件。在此情况下，高校应该以“以生为本”为发展原则，为学生运动员的学习和生活提供便利，保障其基本的生活与体育训练，更好地发展高校体育教育。

2. 打破我国竞技人才培养专业化体系

我国的竞技体育有专业化人才培养体系，这一体系在其发展中有着重要的作用，但是随着逐渐发展，人们开始意识到该体系的不足。这一专业化体系又因为是政府建立起来的，因此一些行政部门逐渐从辅助发展转变成控制发展。在体育领域中，高校、社会主体、市场主体等也开始被弱化。所以，政府部门或是高等院校都应该认识到问题的存在，并且寻找方法打破当前的封闭状态。为此，我国可以从改变合作方式开始。例如，利用高校来推动运动队的发展。江苏省的垒球队就是利用的这种模式，虽然是省队，但是体育局将运动队的发展放在南京工业大学中，开展集约化的学院模式。除此之外，还有上海体育学院开办的中国乒乓球学院、南京体育学院的中国网球学院，较为著名的还有清华的跳水队。这些“学院”的开办说明已经走在打破封闭的路上，在进行过渡的过程中，我国也要考虑各种问题，从而建立完善的竞技体育机制。

3. 培育高校发展竞技体育动力机制

在我国，高校竞技体育能够得到发展，学生们会进行竞技体育活动的原因：一是学校需要利用体育来提高知名度，进行学校宣传；二是竞技体育带来的经济效益；三是学生运动员的出路。因此，我国需要在这些方面寻找新的突破，但是对于创造高校体育品牌来说，在当前的教育体制下难以达成目标，这就需要我国把重点放在经济效益与运动员的出路方面。

当前体育产业发展迅速，高校的竞技体育赛事也因此获得了有利条件，加之现代媒体与市场赞助主体也开始注重高校体育赛事的发展，因此可以让高校体育赛事向着市场化的方向发展，逐步提高其影响力。同时需要相关部门对其发展适当地放松管制，进行强化监督，让高校掌握发展的话语权，还要注重学生运动员的培育，进一步强化其动力机制。学生运动员作为发展主体是高校应该重点关注的发展因素，可以通过制定相应的奖励机制来有效地调动运动员的积极性。例如，在校期间设立专门的学生运动员奖学金，但同时也要制定获得奖学金的规则，必须体育成绩以及文化成绩都达到学校标准才能给予学校奖励。除此之外，还可以制定保障运动员基本训练生活的制度。这些制度和奖励的制定可以让学生们在进行体育训练的同时，不会缺失文化方面的教育。对于学生运动员今后的发展出路，一方面是拓宽高校体育与职业体育的通路，另一方面，学生也要拥有较高水平的专业能力，以提高本专业就业的概率，获得多方面的就业途径。

4. 强化高校发展竞技体育制度建设

第一，完善高校竞技体育制度建设，改革招生制度，建立统一的招生部门，对高水平运动员的招生设立资格审查，文化教育需要设立最低标准；第二，明确高校体育管理组织的定位，并且协同国家各部门共同建立政府与高校发展竞技体育的联系机制；第三，完善竞赛体系，当前体系的建立不够科学严谨，需要重新建立连贯的竞赛体系，该体系还需要能够适应众多项目的发展，以此来发展层级制度，使其具有一定的强制性，方便在层级之间形成良好的竞争机制；第四，缓解学训矛盾，建立相应的机制，对在校运动员实行学分制，可以适度延长毕业时间，建立约束机制，控制训练时间与学习时间，制定文化成绩的达标底线，若是低于此标准，则对学生进行停训、停赛的处理，加强运动员的文化教育。

## 第三节　新时代文化竞技体育发展模式有效路径创新研究

### 一、中央政府——“自上而下”的强制性竞技体育发展模式创新

强制性竞技体育发展模式创新是指由中央政府通过法律法令或行政命令而强制推行的制度变迁。其性质和目标是实现竞技体育发展模式的自我完善和自我发展，建立适应社会主义市场经济体制的竞技体育行政管理体制和运行机制，因此，模式创新的性质和目标要求以“自上而下”的强制性模式创新为主。

在整个竞技体育模式创新过程中，改革主要取决于中央政府的决策，中央政府在体育体制的改革过程中应全面地考虑本国经济、政治与文化因素，制定符合中国国情的竞技体育发展道路。

“自上而下”的强制性竞技体育发展模式创新中存在三个关键环节：一是政府改革创新的决心，二是政府的职能准确定位，三是政府要做到真正意义上适度放权。改革实际上

是利益的重新分配，由于政府体育官员处于优势地位，很容易为自身特殊利益考虑而延迟有效竞技体育发展改革和创新的路径选择。竞技体育要改革，要创新，政府首先要有革自己命的勇气和决心。政府的职能准确定位是中国竞技体育发展模式创新的重要前提，也是中国竞技体育发展模式创新的焦点所在。在竞技体育发展中，政府应该按小政府、大社会、政企分离、政事分离、管办分离的原则，对竞技体育进行宏观管理，政府的核心职能应当转变为通过运用宏观管理手段，通过制定政策和法规对竞技体育发展进行规划、组织、协调，重新调整理顺各种体育利益关系，完善组织管理结构，主导推动体育体制改革方向和路径。政府要做到真正意义上的适度放权，突出政府的宏观管理职能，弱化政府的微观管理职能，将权力向社会转移，而使政府从具体事务中解脱出来，构建一个“有限责任”的政府，充分发挥政府的导向作用、管制作用、服务作用和扶助作用。

“放”是有选择性地逐步下放项目管理权。根据竞技体育发展的不同社会需求，可以将竞技体育划分为“奥运争光”类、职业体育类以及介于两者之间的项目这样三类。“奥运争光”类项目作为国家公共产品，坚持“为国争光”的目标，国家必须承担投入主体的角色，否则就有推卸责任之嫌。同时，真正地下放权力，把项目权力下放到省、市，有相当基础的地方，如训练基地，由他们去发展，体育行政部门宏观管理，充分发挥地方的主导性、积极性的作用。

## 二、地方政府——“中间扩散型”的竞技体育发展模式创新

地方政府的主要目标是利用政治组织实现经济功能，它在与中央政府和微观主体的博弈中，将通过追逐潜在制度收益来发展本地经济和显示政绩，从而使自己的政治资本增值。在改革之初，中央政府作为改革方案的设计者和实施者，扮演着制度创新的第一行动集团的角色，开始在计划经济中引入市场调节因素；微观主体只是新制度规则的接受者；地方政府扮演着制度创新的第二行动集团的角色，在这种纵向制度安排中起到上通下达的作用。随着改革的深入，地方政府不再仅仅满足于扮演制度创新的第二行动集团的角色。首先，改革所带来的制度性经济增长有助于提高地方政府官员的政绩，地方政府官员会主动满足微观主体制度创新需求的动机。其次，地方经济的增强为政府提供制度创新所需的经费，使地方政府具备了发动自主制度创新的内在动机和物质基础。

地方政府推进的竞技体育发展模式创新一般率先发生在发达地区，因为进行自主的改革创新，既要意识到改革给本地竞技体育带来的好处，同时又要具备改革所需的经济实力。比如在“京津唐”“长江三角洲”“珠江三角洲”等经济发达地区，我国可以根据中

国经济发展和竞技体育发展的实际，依据各地方竞技体育项目发展的特点和国家总体项目布局的需要，仿照建立“经济特区”的模式，通过中央授权在一定的地区和省市建立“体育特区”，并制定相应的政策促进“体育特区”竞技体育的发展。这些被中央授权的“体育特区”地方政府为了提高自己的政绩和实现自身利益最大化，必然把中央授予的相关政策创新空间用到极限。反过来，随着试点的成功，中央政府可以将竞技体育发展模式创新的成功经验在全国推广。在全国范围内以“中间扩散”形式全面地展开，并且伴随着知识和物质条件的积累，改革和创新的约束条件进一步放松，从而产生深化市场取向改革的内在需要。地方政府之间存在激烈的自主模式创新竞争，且地方政府自主的模式创新总是从形式到内容与本地区实际需要相结合，多角度、多层面地显现出市场经济制度的内涵和外延，极大地丰富了市场经济条件下的竞技体育发展模式创新的具体内容。

## 三、微观主体——“自下而上”的诱导性竞技体育发展模式创新

诱导性竞技体育发展模式创新是指由社会体育组织或个人响应获利机会而自发倡导、组织和实施变革或新模式的创造，它是在利益驱使下产生的。目前微观主体主要包括体育组织和个人。

当前，由于历史的原因，中国体育组织力量还处于一个发展的阶段，相对于政府力量还很弱，还需要政府的扶持，而且中国长期以来实行政府主导的发展模式。全国性体育组织具有明显的政府特点，也在一定程度上抑制了社团体育组织的发展，造成了中国体育组织的整体社会基础薄弱的局面。体育组织的发展对促进中国竞技体育发展具有重要意义。体育组织是一个国家管理、发展体育事业的重要力量，具有特定的经济功能、社会功能和政治功能。推进体育组织实体化进程是体育社会化的重要影响因素，体育组织实体化需要政府进一步深化改革，给予体育组织更多自主发展的机会。作为来自基层的改革主体，社会企业、运动协会、俱乐部等体育组织应该适应社会主义市场经济改革和政治体制改革的需要，加强自身建设，完善自身管理制度和运行机制。

同时，我国发展体育组织办竞技体育可以采用“以点带面”的方式进行，在一些经济发达地区，可以发展社会力量创办竞技体育俱乐部，培育竞技体育发展网络。在一些体育基础好的地区，如“篮球城市”“排球之乡”“足球之乡”等地区，可以以优势项目为基础，发展社会力量创办优势项目体育俱乐部。随着竞技体育的社会化和产业化发展，社会性竞技体育组织和企业性竞技体育组织将不断壮大。原有的政府垄断模式为保证其地位和权威将阻碍新生利益集团的进一步发展，为此两个利益集团之间将产生博弈，将直接或间

接地推动中国竞技体育发展模式的创新。

个人也是影响竞技体育发展模式创新的因素之一。比如，“丁俊晖模式”就是一个例子，“丁俊晖模式”极大地丰富了竞技体育发展模式创新路径。在体育职业化、市场化发展方向越来越明确的前提下，“家庭投资”似乎更加符合职业体育的国际主流，小孩有从事一项体育运动的兴趣爱好，同时家庭又能提供一定资金帮助他们得到教练的指导，再通过自己努力，寻找参赛的机会，使自己得到锻炼。

## 四、强制性、中间扩散型与诱导性竞技体育发展模式相结合

强制性、中间扩散型与诱导性竞技体育发展模式创新各有利弊。强制性竞技体育发展模式创新的优点在于以政府力量为主导，能够在较短时间内以强大的推动力对旧模式进行更替，并且能够保证新制度的顺利运行；其不足在于效能低下，容易引发社会震荡，风险性较高。在中间扩散型的竞技体育发展模式创新中，地方政府由于角色的双重性，从自身利益出发可能会促进或阻碍竞技体育发展模式的创新。诱导性竞技体育发展模式创新来自基层，具有高效能、低风险、易控制的优点；其不足是耗时较长、不易突破体制核心部分。在竞技体育多元利益集团激烈博弈中，既要发挥体育总局及各地方体育局在改革中的推动力，又要积极鼓励新的利益团体如运动协会、职业俱乐部等，寻求新的助力，最终形成合力，共同促进中国的竞技体育发展模式创新。因此，中国竞技体育发展模式创新的突破必须是三者有机结合，走政府主导和社会选择的竞技体育发展创新之路，这是一个阶梯性的渐进的变革创新过程。改革初始，竞技体育从“自上而下”的强制性创新先行先试，再过渡到“中间扩散型”创新的全面铺开，最后以“自下而上”的诱导性创新实现竞技体育发展模式创新，整个过程并不是一段段的分离的阶段，而是一个结合紧密、衔接有序、层次分明的过程。

# 第三章　我国全民健身活动发展概况分析

## 第一节　体育强国建设下全民健身理论体系构建

### 一、室内健身活动

室内健身指的是那些在室内场所进行的全民健身活动，这里所指的室内健身场所，包括学校、小区与其他市场主体在室内建设的全民健身场所，是非排他性的、公共的健身场所，有助于国民体质的增强。

#### （一）室内健身活动的类型划分

室内健身活动分类方式有很多种，有场所归属、用途、运动种类、同质性等。全民健身活动中的室内健身，也是全民健身公共服务中的一部分。室内健身具备非排他性与共有性的特点。非排他性的体育公共服务意味着消费者不需要花费过多费用便可享受到足够的体育服务，能够让很多不具备高额消费能力的群众不被过高门槛拒之门外，从而真正做到全民参与健身，全民一同参与、分享并开展健身活动。而全民健身活动的特殊性会保证体育器材使用价值对所有群众一视同仁，不管是学校开办的健身室，还是小区设置的健身房，或是政府筹办的室内体育馆，都尽可能地做到让这些公共物品能够为全体民众所用，无论其年龄几何、职业区分、水平如何，都能够一起无差别地使用这些运动场馆与器械。室内健身场馆，在几乎全部学校与大多数居住社区、城市都有设立，这些专门建筑被用以提供公共室内健身服务。这些健身场所种类繁多，可以提供综合健身服务，包括瑜伽、球类运动、游泳与室内攀岩等多种体育活动，种类丰富多样，运动专业水平也相对较高。室内全民健身活动分类会以这一公共服务的供给主体为划分标准，主要分为政府供给、市场供给与社会供给三种。

1. 政府供给的室内健身活动

由政府供给提供室内健身服务指的是政府是室内健身服务的提供与运行的主体，通常在学校等公共领域中呈现出来。在这里政府不仅仅承担着体育服务的总体筹划职能，也承担着体育服务的生产与供给职能。为此，政府首先要立足于总体，依据当地居民的实际需要与经济水平等实际情况，来规划未来需要建设的一些室内健身场馆与需要配备的器材，并对上述活动的安排做出经费预算并筹集资金，力求保证公共体育设施的数量、质量乃至服务水平，在保障群众体育需求得以满足的基础上做到资金与资源的节约，力求以最少资金达到最优效果。

但是政府供给并不一定意味着政府一定要在公共体育服务中占据主导地位。在室内健身服务的供给之中，政府既可以是最直接的服务规划者与生产者，也可以以间接的方式参与到全民健身服务中来，以辅助的角色参与建设室内健身。这种间接参与有很多种方式，其一是政府通过补助来促进全民室内健身的建设，政府通过直接补偿资金、减免税收或者其他优惠政策来进行补助，以鼓励社会上非政府部门甚至是个体参与建设室内健身。在我国，政府部门具有主导作用，其他社会主体或多或少地对政府有着依赖性，因此，当政府主动进行补助，实行经济与政策上的偏斜时，不仅仅让非政府部门参与建设室内健身的积极性与参与度明显提高，还能让政府从其他过于具体的生产过程中解脱出来，从而较好地发挥政府的决策与主导作用，能够花费更多精力在规划与决策上，确保室内健身规划的可行性与合理性。其二，政府可以通过采购行为推动室内健身的发展，即政府采购或者说是公共采购，这里指与室内健身相关的公共部门、医疗卫生、教育和体育部门等向社会上的私营主体购买室内健身的公共服务，也就是说，政府通过向私营主体支付相应数量的资金，购买室内健身服务的权利并免费向公众提供。这些私营主体，包括企业与非营利性机构等，就转而成为向群众提供室内健身服务的生产者与服务者。在政府采购室内健身服务的过程中，政府会通过竞争、投标等方式选择合适的私营主体，这些企业或机构就随之与政府达成合作并签署相关协议，根据协议或合同条款来提供室内健身服务并向公众免费开放。在这整个流程中，这些私营主体是生产者和服务者，政府是主导者，人民群众是受益者。政府向私营主体支付相应费用，确保这些私营主体能够提供符合室内健身规范的服务，并依据相关规定和一定期限对这些场所与服务进行定期的复核与检查，以确保室内健身的质量与数量不受损害，尽量做到政府支出的每一笔资金都能获得最大的效益。

2. 市场供给的室内健身活动

市场供给，指的是以市场为主体来提供室内健身服务的方式。尽管在我国的经济体制中，政府是处于主导地位，负责总体统筹，但市场依然是我国经济体制中极其重要的一部分。我国当前的社会经济条件决定了我国室内健身的推行离不开市场的支持，我国人口众多，且室内健身的基础较为薄弱，室内健身现状并不乐观。在政府的工作之中，室内健身服务的优先级较低，重视度仍然不够，政府室内健身的供给能力依旧相对有限，仅仅依靠政府，我国室内健身服务是无法实现全方位、多层次的推行的。当前，我国政府在推行室内健身时，仍停留在建设场地等最为基础的建设之上，因此，单纯依赖政府提供室内健身服务，这与当前我国全体民众愈发多样化、高标准的室内健身需求不相匹配。因此，将市场供给引入室内健身服务，刻不容缓。

在室内健身服务领域，越来越多的企业与个体参与进来，共同参与室内健身服务的投资与经营，由此我国室内健身服务的供给途径得到了完善，室内健身服务的效率、质量、数量都有了较大提升，政府财政资金短缺的困难有所缓解。在室内健身服务的市场供给中，政府逐渐放开了管理权与参与权，不再是唯一的直接管理者，那些个体与私人企业都开始向公众提供室内健身的生产与服务，这些市场主体通常为了盈利，会根据市场上需求的变化来及时变更他们提供的室内健身服务的类型与规模，从而更好地满足市场与群众的需要。而对群众来说，他们作为消费者，能够更加自由地选择室内健身场所与服务，拥有较大的选择与决定空间。群众的自由选择权与消费空间，让室内健身服务逐渐形成一种良性的竞争状态，不同参与者也会因此努力提升自己的服务质量与种类，消费者也可随之形成对这些服务与硬件设施的评价与监督体系，从而让室内健身能够良性发展。在以市场为主导的供给体制中，政府通常很少参与，更多的是以制定标准与规则、确保消费者权益的角色而存在。

3. 社会供给的室内健身活动

在室内健身的未来发展中，社会化是未来发展最可能的趋向。社会供给又可称作混合供给，是指由政府与市场共同提供室内健身服务。室内健身服务的社会化指的是依据室内健身的不同种类与性质，以群众的需求为指引，政府发挥其主导作用并大力支持其他社会主体，如私人企业、非营利机构甚至是公益组织等，共同参与到室内健身服务的供给中来，最终形成一个政府主导、其他社会主体共同参与的室内健身服务的新态势。其中，政府与其他社会营利性主体已在上述两个部分中有简要介绍，这里主要针对非营利机构与公益组织进行进一步阐述。当前，在我国的室内健身服务供给中，非营利性的体育机构是最主要的一种供给形式，这些非营利机构通常会采取免费提供或者捐赠等方式来帮助建设我国室内健身服务体系，我国众多体育公益机构就经常为室内健身提供免费的健身指导与咨询服务，其他非营利性的机构也经常为室内全民健身捐赠器械与资金，体现了公共室内健身服务的公益性。

### （二）室内健身活动的主要功用

室内全民健身较室外的全民健身而言，受外界影响因素更小，更为稳定，不会因为恶劣天气就中断健身活动，且安全程度比较高，室外健身因交通意外或者其他意外情况造成群众人身安全损害的比例比室内健身的更大。总的来说，室内全民健身具备以下功用。

1. 完善健全以健康促进为目的的健身服务

相较于室外健身，室内健身更加密闭的场所会让人与人的交流更多，更有利于群众向周边人寻求帮助，使包括社会体育指导员在内的健身指导人员便于管理，能够在室内健身的固定区域在一定时间范围内为周边群众提供体育咨询等服务，加强指导人员与群众的关联度与针对性，从而促进群众健身水平的快速提升，让全民健身变得更加科学化，身体素质也在正确的健身方法中得到快速提升。室内健身场所的密闭性与确定性，对我国纵深性健身服务有着积极影响，加快了健康中国实现的步伐。

2. 满足群众增强体质的现实需求

当前世界范围内慢性病的发生及其导致的死亡与民众们健身的缺乏是息息相关的。据研究表明，每年都约有两千万人会因缺少运动导致各种疾病而死亡。在现代医学中，普遍认为，要预防慢性病，最为有效的一项措施就是加强体育运动的频次与质量，运动干预是最有效的治愈慢性病的手段，这有助于现代医学从以治疗为中心转变为以健康为中心的模式。室内健身因其特殊的性质，如比较固定的场所与参与人员，能够让参与健身的人群有更多交流，对周围人的情况有基本了解，从而能够为一些特殊人群予以帮助，也能让具备专业水平与健康知识的专业人员更有针对性地提供建议，从而加强以健康为导向的室内健身服务的建设。

3. 能够让室内健身融入日常生活

室内健身更直观、更重要的意义，就是让广大群众能够真正将健身活动融入生活，从而提高群众的身体素质。面对慢性病的高发与现代文明病的侵袭，人们只有保持科学、规律的健身，才能更好地预防这些慢性疾病，体育健身可以说是最经济、高效的疾病治疗方法。然而，在全民健身的推进过程中，室外运动具有太多的偶然性，其一是容易受天气影响，天气过于寒冷或炎热、雨天、下雪天都不适宜进行室外运动，这时室内运动的优势就体现出来了，室内健身活动不管什么天气都能进行，更能保证健身活动的规律性；其二，室外运动的区域离居民所在区域往往存在一定距离，途中可能会经过很多道路，据美国的相关数据表明，前往室外健身场所的交通事故是健身运动中最易出现的事故，而室内运动往往会更加安全、方便，安全隐患较室外健身更少。室内健身的规律性与固定性，更易让广大群众形成良好的锻炼习惯，每天固定运动，而不是因为天气或其他原因“三天打鱼，两天晒网”地运动，更能帮助广大民众将健身融入日常生活中去。

4. 室内健身更有助于相关部门的管理

室内健身，因其场所的固定性，较室外健身更易管理，普遍数据表明，室内健身器材的损坏率与丢失率远远小于室外健身的。这是因为，室内场所的信息更容易被统计，并进行量化，更容易实现信息化的管理，群众参与全民健身的行为更能够被各种物联网与高科技技术所感知，并进行相关的记录与统计，实现对健身器材的定期维修与监管，还能据此为远程的健身指导提供可能。相关体育部门也可据此对室内健身进行监管、决策、调控等，包括室内健身在内的全民健身的服务质量也会随即提升，从而满足国内民众的实际需求。室内健身这种便于管理的特质，加强了体育资源的利用，减少了监管的成本，能够有效地推进全民健身管理的规范化与信息化，周边居民也能更及时地在相关网站上获取相应的室内健身资讯，从而方便居民进行室内健身。室内健身的数字化与规范化，除了让居民健身变得更加方便、科学之外，还能减少全民健身器材的不正常损耗，让这些器材能够更长久、更科学地被使用，减少不必要的资源浪费；同时，整个室内健身流程的规范化，也能让相关部门的工作去繁入简，缩减一些不必要的开支，人力、财力都能得到一定程度的节省，节省的这部分资源可以更好地投入进室内健身其他部分的建设中。归根究底，人民群众是这一系列措施中最根本的受益方。

## 二、室外健身活动

在我国社会经济优质发展，人民生活水平得到提升的同时，人们也开始把目光投向了室外健身活动，室外健身活动成了人们锻炼身体与放松休闲的重要方式，受到很多人的喜欢，促进了健身这一活动的发展。通常，几乎所有运动都可以归结为有氧运动和无氧运动这两个大类。

### （一）有氧运动

有氧运动是指人们在供养条件良好的状况下所进行的锻炼活动。在做有氧运动时，生理上能够达到一种平衡状态，即耗氧量与需氧量相等。

有氧运动的动作一般是很有规律的重复运动，并且强度低，虽然锻炼强度偏低，但与此对应的是锻炼的时间会比较长，时间的延长能够让锻炼者的心率维持在最大心率的百分之 60 到百分之 80 之间。

心率是衡量有氧运动的标准之一。如果锻炼者的心率维持在每分钟 150 次，并且这项运动的动作具有有规律、重复性的特性，那么这项运动一般来讲是有氧运动。在做有氧运动时，血液中的供氧量可以供给身体所需。所以，有氧运动具有低强度、规律性、持续时间较长的特点，如果需要做到有氧运动中持续性的特点，就要求锻炼者锻炼至少 30 分钟。锻炼过程中锻炼者吸入的氧气能够使得身体中的糖原能够高效分解释放能量，对燃脂以及调节身体、心理状态都十分有好处。如果锻炼者体重超标，像跑步这样的运动如果过度则会使膝关节磨损，若想通过运动来达到减肥的目的，建议选择不伤膝关节的有氧运动，如游泳、骑自行车等。

常见的室外有氧运动项目有：步行、跳绳、慢跑、登山运动、慢速游泳、滑冰、打太极拳、做操、跳健身操、慢速骑自行车等。有氧运动中的代表游泳、慢跑、骑自行车、登山、跳绳等都是非常健康有效的锻炼方式。

1. 游泳

运动优点：在游泳时，锻炼者不需要克服自身重力做功，只需要克服来自水的阻力即可。游泳对比跑步而言，可以让锻炼者的关节和肌肉更不易受到损伤，并且游泳时如果水池中是冷水，那么锻炼者所消耗的热量会更大，减肥效果更加显著；倘若搭配合理的饮食，减肥效果会更好。

适宜人群：膝关节受到过损伤的人群、体重方面严重超标的人群、想要快速减肥的人群以及希望增强体质的人群。

运动周期：每次 30 至 60 分钟，每周 3 至 4 次。

热量消耗：大约 650 千卡每小时。

2. 慢跑

运动优点：慢跑有助于血液循环，比静止时可以提升百分之 20 左右。在慢跑后，锻炼者在晚上的睡眠质量也会随之提高。慢跑同样具有“携氧”的作用，在慢跑的过程中，锻炼者肺部的气体容量会提高 0.4 升左右，与此同时，血液中融氧量也会大幅增加；慢跑有助于缓解压力，放松心情，有益身心健康。同时，慢跑也能够提高心脏的能力，保持慢跑的习惯可以使安静时的心率减慢，并且增加血管壁的弹性。

适宜人群：想要减肥并缓解工作生活压力的人群以及想要通过运动来预防心血管疾病的人群。

运动周期：每次 40 至 60 分钟，每周 3 至 4 次。

热量消耗：大约 650 千卡每小时。

3. 骑自行车

运动优点：骑自行车是强健体魄的绝佳方式，对提高心肺功能很有帮助，也有助于增加全身耐力。由于自行车是通过踩踏踏板来提供动力的，所以骑自行车能够增强腿部肌肉耐力。经常骑自行车也能减缓大脑的衰老，对提升神经系统的灵敏度十分有好处。骑自行车作为一种有氧运动，同样可以起到瘦身的作用，因为骑自行车是一种周期性、规律性的有氧运动，所消耗的热量也比较大。

适宜人群：体重偏重的人群以及患有颈椎病和腰椎间盘突出的人群，这类人群骑自行车的锻炼效果较好。

运动周期：每次 40 至 60 分钟，每周 3 至 4 次。

热量消耗：大约 420 千卡每小时。

4. 步行

运动优点：增强心脏的能力，使心脏耐力更强。步行虽然不能增强肌肉力量，但是步行中腿部反复发力，能够让肌肉的耐力得到提升，让关节更加灵活，同时也可以加快人体的代谢速度。步行能使腿部与足部的血管更具弹性，不易破裂，甚至可以增强消化系统的能力，所以人们经常喜欢在饭后散步，这是为了让体内能够分泌更多的消化液，促进胃肠的蠕动，对食欲的提高与防治高血压、肥胖症等都起到了良好的作用。在场地的选择上，需要优先选择在空气清新的地方进行锻炼，因为在这样的环境下锻炼会让锻炼的品质得到提升，亦可缓解脑力的疲劳，从而提高学习与工作效率。根据实验可知，如果一个人想要提升反应能力、记忆力、视觉能力，那么步行是很有效的锻炼方式。每次进行一小时的步行，并且做到每周三次，连续坚持 4 个月，这些能力都会得到一定的提升。对于想要减肥的人来说，长时间步行可减少体内胆固醇的累积，减少血糖转化为油脂的机会，从而改善体形。

适宜人群：几乎所有希望通过锻炼改善自己体质的人，因为步行对人体产生的损伤很小，并且益处良多，所以老少皆宜。

运动周期：每次 1 小时，每周 3 次。

热量消耗：200 至 300 千卡每小时。

5. 登山

运动优点：登山不同于攀岩，因为登山是一项几乎人人都可参加的户外运动。登山需要的装备很少，只需要穿一双登山鞋即可，除此之外，如果要攀登高山，还需要有坚持不懈的毅力。登山对肌肉骨骼、神经系统、心血管系统、免疫系统以及呼吸系统皆有好处，是一项综合性的户外锻炼方式。

登山对肌肉骨骼的好处在于登山时关节会反复运动，为了对抗自身重力，也需要全身的肌肉参与进来调节平衡。经研究发现，在高山地区登山有助于提高血液中的携氧能力，在高山地区登山的锻炼者血液中红细胞的含量比正常情况下多很多，使得血液的携氧能力提高。

对神经系统的好处在于在登山的过程中人体的神经系统需要反复调节身体平衡，能够刺激中枢神经的发展。在登山运动后，人往往精力充沛，工作效率提高，并能提升睡眠的质量。

对心血管系统的好处在于登山时会加快血液流动，增加人体内冠状动脉的血流量，从而改善亚健康。登山能够预防心血管疾病，减少心血管疾病的发病率。

对免疫系统的好处在于登山活动的供氧充分，强度适宜，有利于提升抵抗力。

对呼吸系统的好处在于在登山的过程中需要消耗很高的热量，呼吸会很急促，那么肺部不断地扩张收缩就可以保持肺组织的弹性，提高自身的代谢水平。在植被丰富、污染较小的环境中登山对肺部的帮助效果是最佳的。

适宜人群：青少年、中老年人。有颈椎疾病的人很适合用登山的方式进行改善。

热量消耗：大约 300 千卡每小时。

6. 跳绳

运动优点：跳绳讲究手脚的配合，它能训练锻炼者的弹跳力、平衡能力以及手脚协调能力。坚持跳绳的人在手脚互相配合的灵活性方面和肢体协调方面都会有所提升。跳绳能够在弹跳的过程中起到强健骨骼的作用，有助于预防骨质疏松、肌肉萎缩以及关节炎等。跳绳的优势在于简单易行，只要一根非常便宜的绳就可以进行锻炼，随时可做。值得一提的是跳绳在练习时应该循序渐进地进行，先学会跳绳的简单基础动作，再学较难的团体跳绳或者双飞等动作。

适宜人群：学生以及想通过锻炼改变体态的中年人。不适合静脉曲张者、过重人群以及膝盖受伤者。

热量消耗：大约 600 千卡每小时。

## （二）无氧运动

无氧运动是相对有氧运动来说的，其概念是根据代谢的基本理论来定义的，一般的无氧运动是指人体肌肉在无氧代谢条件下进行的运动。无氧运动往往伴随着高爆发性，但是持续时间并不长。与之对应的，要消除无氧运动产生的疲劳，所需的时间也会比较长。

在进行无氧运动的过程当中，体内的代谢速度会加快，而代谢的加速则需要燃烧更多的能量，那么，体内的能量来源是通过分解体内的糖原、脂肪以及蛋白质来获得的。当锻炼者进行非常剧烈的运动时，原本有氧呼吸所缓慢消耗的糖原等物质已经满足不了身体所需，于是身体转而以无氧的方式分解糖原以迅速产生大量能量满足当下所需。这类无氧运动看上去十分具有爆发性，但持续的时间比较短。人们在健身房锻炼的器械力量项目一般都属于无氧运动。通过一段时间的无氧运动后可以提高肌肉的力量、爆发力以及通过增加肌纤维厚度来增加肌肉体积，以此提高运动的速度。

常见的室外无氧运动项目有：短跑、快速游泳、俯卧撑、跳高、跳远、拔河、潜水、肌力训练等。无氧运动中的代表肌力训练、快跑、俯卧撑、快速游泳等对身体的爆发力很有帮助，对增加肌肉体积也很有益处。

1. 短跑

运动优点：短跑一般指的是100米、200米等短距离跑步，它是田径体育中距离最短、速度要求最快的体育项目。在短跑的过程中，肌肉高强度运动，造成了肌肉缺氧，从而以无氧运动的方式来给肌体供能，短跑是典型的无氧运动。短跑对肌肉的爆发力要求很高，会促进人体代谢的频率。短跑时主要通过腿部发力，不单腿部肌肉需要发力，为了维持剧烈运动中的身体平衡，腹部也需要参与进来，维持身体的稳定，让腿部可以稳定输出力量。同时，短跑不仅能改善肌肉的爆发能力，还能磨炼人的意志。坚持短跑的人能够适应来自循环系统高强度的压力。一般人心跳在超过每分钟100次时，便会感到头晕目眩，伴随有呼吸急促等症状，而长期跑步的人可以忍受剧烈运动带来的每分钟150次的心脏跳动频率。

适宜人群：适合体重比较轻的人群，下肢比上肢更加修长的人练习短跑是最适合的。不适合患有心血管疾病、糖尿病的人群以及腿部关节受伤过的人群。

运动周期：依据个人情况而定一组的训练容量，组间休息3分钟左右，每周3至4次。

热量消耗：大约660千卡每小时。

2. 快速游泳

运动优点：快速游泳也是一种快节奏的无氧运动，保持游泳的兴趣爱好可以塑型美体。快速游泳是绝佳的减肥方式，这是因为游泳几乎不伤关节，只需要克服水的阻力即可，并且消耗的能量巨大，在温度低的水中游泳消耗热量的效果会更好。它有助于增强心肺功能，这是由于在水中游动时身体内血液的回流速度会大大提高，对心肺能力的提升很有好处。一般泳池里的水偏冷，皮肤中的毛细血管遇到冷水后会收缩，所以游泳会增强人体的抗寒能力。快速游泳能够加速血液循环，排除毒素，甚至会有美容的效果。快速游泳的时候，水流会快速冲击皮肤，让皮肤受到刺激，从而提升适应性。而且，快速游泳对肌肉体积与肌肉力量的训练效果是最佳的，因为快速游泳时手脚并用，使用到了全身的肌肉，是无氧运动中的绝佳锻炼方式。

适宜人群：适合体重比较轻的人群、常感到乏力的亚健康人群、长时间久坐或站立的人群以及生活工作中压力较大的人群。

运动周期：依据个人情况而定一组的训练容量，组间休息 3 分钟左右，每周 1 次。

热量消耗：大约 1 000 千卡每小时。

3. 俯卧撑

运动优点：俯卧撑主要用到胸部及手臂的肌肉，其他肌肉起辅助作用，是一项对抗自身重力的运动。这样的锻炼方式能最大限度地让神经系统准确地启动相应的肌肉群。对锻炼的部位继续细分，可以看到俯卧撑主要锻炼的是肩部的肱三头肌、腹部的腹肌、背部的背肌以及胸部的胸大肌等肌肉群。在做一个标准的俯卧撑时，需要这些肌肉的协同配合完成整个动作。对比同样能锻炼手臂力量的引体向上，俯卧撑的难度也要低一些，这是因为做俯卧撑时身体有 4 个支点可以分摊自身重量，而引体向上则需要手臂肌肉承担整个身体的重量，所以俯卧撑需要的手臂力量会小一些。

适宜人群：适合青年、中年人进行锻炼。不适合老年人、孕妇进行锻炼。

运动周期：一组 8 至 12 次，一次 3 至 5 组，一周 3 至 4 次。

热量消耗：大约 450 千卡每小时。

当然，循序渐进是体育锻炼的基本准则。锻炼容量应由低到高过渡，锻炼时长应渐渐增长，锻炼频率由少变多。这些情况因人而异，没有百分百固定的训练量。患有心血管疾病的人群或者年长者则更需要控制运动的量，最好在运动前先在医院做一个全面检查，由医生给出具体建议，然后再依据个人情况进行锻炼。除此之外，在运动过后总会产生一些疲劳感，这些疲劳主要是肌肉疲劳，会在 2 至 3 天内消除，如果超过 3 天仍不能消除肌肉疲劳，则需要考虑运动是否过量，需要减少每周运动的量，观察身体情况后再对运动量进行适当调整。

## 三、全民健身管理方法的制定与施行

### （一）制定全民健身管理方法的意义

自党的十八大以来，党和国家领导人对全民健身工作给予了高度的重视，与此同时，在提出新要求的基础上，做出了一系列新的决策与部署。将健身活动纳入国家战略层面，这更加充分表明党中央、国务院对我国的体育工作以及全民健身工作有着极高的重视程度与殷切的期望。党和国家的英明决策与部署不仅为广大人民群众在新常态下的体育改革发展注入了强劲动力，而且也为体育的发展指出了明确的前进方向。为此，我国必须遵照党中央、国务院的重大指示要求，将广大人民群众健体强身的需求与各地政府管理机构的统筹管理职能进行系统化整合与协调，旨在落实党中央全民健身强国、增强民族自信的长期发展战略部署以及达到构建全民健身的国家战略格局的目的。国务院曾在关于加快发展体育产业、促进体育消费相关意见中，把我国全民健身的战略举措列为体育产业发展与扩大体育内需消费的基础，即在实操层面把全民健身活动管理与促进工作纳入各地政府经济社会发展规划之中。各地政府在党中央统一规划与部署之下，经过持续不懈的努力，业已形成政府来主导、部门来协同、全民来参与的良好局面，工作成效显著。习近平总书记曾经明确指出，要推动全民健身和全民健康深度融合。在指导中国第 31 届奥运会中国体育代表团的工作会议上，习近平总书记指出了健身强国的重要指导方针，即“落实全民健身国家战略，普及全民健身运动，促进健康中国建设”，更加明确了我国未来全民健身事业的发展方向。我国必须严格贯彻执行关于全民健身的计划。同时，我国还必须与时俱进地紧紧抓住健康美丽中国建设与文化体制改革以及教育、卫生养老、扩大内需等所创造的新时代历史契机，通过制定全民健身管理原则与方法及实施方案细则，自上而下地建立贯通各层级、各机构的全民健身活动领导工作与协调工作机制，切实将全民健身活动管理工作从仅限于体育系统与范畴的格局上升到国家战略高度，真正实现整合跨界与融合发展的创新局面，树立并形成全民全社会健身强国新风尚。

### （二）全民健身管理方法的制定原则

“十三五”规划明确提出了健康中国建设新任务、新目标，健康中国建设已经成为国家顶级的健康系统工程，并将逐步规划出系统总目标及细分的子目标。在顶层方案设计过程中，我国将依据目标实现的上下层级关系来设计相关子系统的工作内容。迄今为止，我国所关注的全民健身，其代表的意思为“非医疗健康干预”系统，医疗卫生则代表的意思为“医疗健康干预”系统，二者均为健康中国的第一级子系统。然而，目前无论是两个系统内部，还是两个系统间都没有进行较为有效的协调与足够的整合。例如，在我国医疗卫生管理系统中有关医疗资源分配、布局问题，虽然历经多次改革，但仍未能实现分级诊疗目标；在全民健身管理系统操作实践中，仍存在各自为政、平行发展的现象与问题，如在计划经济体制下的全民健身管理工作中，体育场馆、场所资源与人力资源逐渐形成了“两张皮”现象。众所周知，健康中国作为我国顶级健康系统工程，可以通过有效统筹、整合“医疗健康干预”与“非医疗健康干预”系统。其目的在于把各类要素、资源与需求进行有效且系统的整合，对我国相关公共服务资源与社会资源进行高效率与系统化的运营管理，以实现我国健康工程的高效、务实与可持续发展的战略目标。因此，要在根本上科学认知、理解全民健身在健康中国建设中的重要价值与作用，紧紧抓住健康中国建设于全民健身领域发展所营造出的巨大发展机遇，积极并努力推动群众体育领域在供给侧方面的结构性改革，为中国人民身体健康事业做出应有的贡献。在制定全民健身管理方法的过程中，首先必须准确认识与定位健康中国建设发展的目标并切实将其按照国家战略的高度深入广泛地推进事业发展；其次，在数字中国时代，搭建完善的共享融合、协同砥砺前行的管控平台，不辜负党和国家以及全国人民对健身强国所给予的殷切期望。同时，遵照我国《“健康中国 2030”规划纲要》的指示精神，将全民健身强国促进与管理工作纳入健康中国的国家战略规划之中，并且在有效衔接国家各部委、各地区相关配套服务与管理政策的基础上，制定出相应切实可行的实施任务与目标，将全民健身管理工作落到实处。

1. 精准认知全民健身工作

全民健身旨在实现民众精神文明与物质文明双丰收，通过增强锻炼提高体质而服务于民众全面健康，推动我国经济建设和谐有序发展的目标落地执行，促进我国民族综合实力全面提升，为增强民族自信增添基础动力。然而，在既往的全民健身管理过程中，的确存在对全民健身认知不够全面与深刻甚至是误读的现象，其认知停留在将全民健身理解为就是锻炼身体，更有甚者竟然错误地将全民健身理解为体育比赛选拔与培养体育人才；与此同时，实现全民健康目标的主要方法被简单误读为大力开展卫生医疗事业。因此，对于全民健康的正确理解亟待正本清源，以精准认知并正确领会。国际社会对于全民健康也曾有过较为明确的解释，国际卫生组织对全民健康的诠释的重点在于，人类健康的衡量标准不仅仅停留在没有疾病，还要包括其身体、精神与社会适应以及道德 4 个维度在内的全面的良好的生命状态。对个人而言，身体健康是最基本的需求，同时，也是促进人类社会发展的必要条件，更是每个人追求幸福生活的基础以及从事各自事业的前提条件，也是衡量一个国家、一个民族是否富强与幸福的重要指标。对国家而言，人民拥有健康就意味着拥有潜力无穷的人力资源，这是一个国家、一个民族经济强大与可持续发展的核心动力源。一个国家、一个民族通过体育锻炼而促进全民身体健康，是体育事业的本职工作，也契合体育应具备的含义。在此基础上，全民健康的意义不仅仅局限于增强国民体质，而且，在全民健身的过程中，体育锻炼对于全民意志力的磨炼与精神素养的提高以及培养规则意识、协作精神都有着不可替代的作用。全民健康是营造人类与自然界和谐共生的基础，在传承民族精神文明方面，同样起到至关重要的作用。因此，积极开展旨在全民健康的体育运动，可以实现人们强健体魄的同时，塑造了人们健全的人格特征，在促进个人发展与社会进步过程中充满强大的“正能量”。总之，全民健身和健康中国建设的方向高度一致并且具有共同的价值与追求。

2. 将促进全民健身工作上升至国家战略高度去把握

我国要承接健康中国 2030 规划，就必须将全民健身工作与国家、各部委以及各地方政府相关的政策、目标与任务相衔接，以纳入健康中国战略规划。因此，需要从以下几个方面入手：

第一，培养全民树立健身强身的新观念以及养成文明健康的生活方式。国务院曾提出了关于提倡健康生活并树立健康与文明生活新观念，以满足全民健康长寿、提升生活品质的要求，同时，也指出了营造健身的生活氛围与加强体育运动的辅导，充分发挥体育锻炼工作在预防疾患以及促进健康等方面的积极作用。为此，广泛展开宣传教育活动，逐一纠正既往重医疗轻预防、重养生轻运动的错误观点，着力推广宣传运动即良医的理念，采取各种方式，鼓励全民通过广泛参加健身活动来实现人民健康的目标。

第二，强化健康科学指导，提高全民科学健身认知与素养。我国参加体育锻炼的人群占比呈上升趋势，如参加马拉松长跑的热潮已在全国兴起。目前，准备参加这项运动的人员，则需要赛前半年报名与抽签。与此同时也必须注意到，在参与体育锻炼过程中，存在着锻炼方式与方法不够科学的现象，不仅运动后的效果没有达到预期，而且有时还会造成运动损伤的问题。为此，我国应大力加强全民健身的健康辅导工作，同时，科学制定全民运动的“处方”与标准，积极出版并推广面向全民健康科学健身指导类型的系列图书，采用现代数字化新技术并借助媒体，制作并发布科学健身数字影像资料，营造全民热爱强身健体的生活氛围。

第三，建立全民体质监测与健身活动的相关数据调查配套制度。积极引进现代数字化信息技术与手段，全面应用于全民健身工作与活动进程监测工作。对全民体质与健身活动实际情况进行定期监测，在全面实施工作的基础上，将调查结果进行定期发布，以推动全民健身科学化的保障制度与举措彻底得到落地执行。随着5G技术的商用化进程逐渐深入，我国将充分运用大数据、云计算技术与移动互联网等技术措施与手段，用先进科学技术手段以完善全民体质状况与全民健身活动展开情况的调研与监测，打造具有高科技含量的民众健身方法，建立全民健身大数据资源服务管理数据库，提升全民健身服务水平与质量，实现便捷与高效的目标。在落地实施过程中，还需要大力促进民众健身设施与场地的科学规划与创新，为全民提供安全、便捷与科学的健身场所、设施与可穿戴模式的现代化运动设备。

第四，建立健全全民健身管理工作相关机制。积极推行国家体育锻炼相关标准，不断完善群众业余身体锻炼标准以及业余赛事管理体系，对于积极参与全民健身运动的群众颁发相关体育锻炼证书与证章等。此外，国家相关群众体育活动管理机构，应鼓励各地方政府相应机构设计并实施全民健身类型的公共积分制度，通过发行、发放参与体育健身的消费活动券等方式，逐渐建立起规范化、市场化促进全民健身活动的激励体系。

3. 构建实现全民健身跨界整合发展模式

我国必须充分理解与认识全民健身的社会价值与作用，这也是增强全民体质、打造健康生活的坚实基础与保障。为此，需要进一步更新理念、观念，超越既往仅仅以个体和局部的角度去理解、看待全民健身价值的狭隘观点。通过不断深挖全民健身的社会价值，确实把全民健身从局限在体育系统的局部价值上，提升到国家战略价值的地位上。

第一，依据全民健身条例相关内容与要求，各地区的相关部门已将全民健身工作谋篇布局于经济发展之中。近几年，通过各地区相关部门持续不懈的努力，政府指导并协调各部门、全民共同积极参与的全民健身工作局面基本形成。

第二，我国在取得建设全民健康设施与服务体系方面的成绩基础上，积极落实相关全民健身管理工作的中央专项巡视与督查整改意见，进一步提升全民健身事业的创新与发展。在接下来的全民健身管理工作推进过程中，需要进一步加速政府职能的转化，突破旧格局，解放思想，深化改革不符合全民健身事业发展的管理机制，创新全民健身事业的发展模式。同时，还需要推进并完善相关法律法规建设，采取依法依规进行行政管理的办法，依靠法制思维促进全民健身管理工作的改革与决策，还需要做好有关全民健身工作的各项制度方面的顶层设计工作。基于此前推动建立全民健身管理工作格局的工作成果，更加深度地整合相关部门的资源，在更高层级管理机构上规划、统筹与落实全民健身国家战略相关措施，构建多部门各系统通力合作与跨部门融合的创新发展模式。

第三，各地区、各部门需要进一步理顺中央和地方的事与权的关系，依照不断健全的全民健身法律法规体系，逐步将适宜地方政府负责的事务由中央转交给地方政府，逐年减少中央与地方政府间相关职责、职能的交叉与出现的共管事项问题。例如，上级需要加大对地方政府的工作支持力度，依法依规确立并给予各级党组织更多自主权。对于那些已经给予资金支持，然而项目却迟迟没能开工进行且难以落实的情况，所给予的资金必须收回，并由上级管理机构进行统筹与安排。

### （三）全民健身管理方法的施行策略

制定全民健身管理办法，必须秉承胸怀全局观念与大局意识，从综合管理功能与多元价值方面去落地全民健身有效促进与管理。结合我国实际情况，找出全民健身推进工作的难点，找到全民健身体育管理工作在扶贫开发过程中的立足点与切入点。在全民健身工作开展中，扶贫开发已经成为实现民族复兴中国梦与建设全民小康社会的重要战略举措，也是保障与改善国计民生的重要任务之一，同样也是攻坚克难的任务。而且还需要制定与之配套的更加多元化的扶持与资助政策措施，以发挥体育在扶贫过程中的积极与重要的作用。

1. 充分发挥体育社会组织专业服务的价值与作用

加强各级体育总会枢纽功能，深化体育社会组织建设，以带动各类单项与行业、群众体育组织积极开展全民的健身活动。积极扶持与引领各层级体育社会组织的建设与成长，并且给予更多的指导与服务。重点培育发展服务于城乡社区全民健身活动的体育社会组织，鼓励各层级体育社会组织依照法律法规进行注册与登记管理，营造体育社会组织的平等、公正与有序的法制成长发展环境。对于开展全民健身活动过程中的骨干力量，应给予足够的重视，充分发挥其在规范、引导与服务方面的积极作用。进一步促进我国体育社会组织在组织管理、服务管理以及竞争管理方面的规范化、制度化与法制化。而且还要为体育的社会化组织打造市场品牌发展空间，以促进自身不断积极向上、自我完善的市场机制的形成。根据不同区域、地区以及人员的实际情况，组织开展与条件相匹配的百姓身边的健身活动。综合设计与构建分层级与分类别的运动项目管理推进结构，进一步建立健全与不断丰富全民健身活动的管理体系。大力发展百姓喜闻乐见的运动项目，如马拉松、自行车等项目。积极培育登山、滑雪与马术等具备消费潜力并引领时尚的休闲运动项目。积极鼓励开发与推广民族文化传统运动项目，如武术、太极拳等传承民族体育文化的运动项目。

2. 健身强国引领脱贫致富奔小康

贫困地区民众的精神文化生活相对比较匮乏，特别是身处边远地区的民众，其中确实存在一部分群众对于脱贫致富信心不是那么充足、积极进取的意识也不是那么强，甚至在个别乡村，由于历史因素，还存在着一些迷信与赌博的不良社会风气，因此，需要开展全民健身活动来丰富民众的精神文化生活，同时，采取有效措施以改变、摒弃一些村庄的陋习并创建现代文明。在老少边穷地区，根据当时实际情况在群众中组织开展各项体育活动，这样不仅可以全面改善当地民众的精神面貌，还可以提升民众的身体素质与体质综合健康水平。另外，还要倡导与引领贫困地区广大群众从此树立起健康、文明的工作与生活方式，形成积极乐观的正能量满满的进取向上的良好心态，鼓励贫困地区的民众树立战胜艰难险阻的信心，帮扶贫困地区战胜贫困现象代际沿袭的不良现象，充分化解相应的社会矛盾，实现稳固与可持续的扶贫工作成效。

3. 打造全民健康体育产业，促进贫困地区发展

采取创新与开发并举措施，根据扶贫地区的具体情况，通过多种方式和途径与一系列综合的配套措施鼓舞贫困群众走上脱贫致富之路。通常贫困地区有着生态环境的后发优势，因此在经济开发过程中，开发系列健身休闲与竞赛表演等场馆服务，同时也可以因地制宜地打造振兴乡村经济发展的体育旅游等绿色朝阳的体育服务产业。这样，既可以保护贫困地区青山绿水的优质生存环境，又可以带动贫困地区的相关投资与消费需求增长；既可以提高贫困群众收入水平，又可以为所在贫困地区创造更多的劳动就业岗位。因此，各级相关管理机构与部门需要积极支持贫困地区充分利用当地自然资源优势条件打造具有区域特色的全民健身体育产业，还可以通过加强贫困地区健身设施建设来弥补健身公共设施短板，增加有效投资需求并消化过剩产能，以有效增加劳动就业的机会。大多数贫困地区基础设施非常薄弱，需要更大的投入以缩小贫困地区的公共体育设施、场馆等大众体育服务体系水平与发达地区的差距。而对于少数民族地区，体育部门需要与有关部门一起将民族体育保护传承工作做好做扎实，努力培养一批又一批优秀的民族体育人才，加强少数民族地区体育基础设施、场馆等体育服务系统建设，将少数民族地区的体育产业培育成颇具民族特色的优势朝阳产业。

4. 培育基层组织发展，做实全民健身多元化建设

自党的十八大以来，政府机构自身改革不断向深水区发展，已为社会民间团体与组织的发展释放出更大空间，各级别与各类型、正式与非正式的体育民间社会团体、组织不断涌现出来。各地区体育行政管理部门需要投入更多的时间与精力以培育这些体育社会组织，也需要关注全民健身活动所需要的服务站点、设施与场馆等，以及各类非正式体育社会团体与组织的成长，甚至还需要进一步创新体育社会组织发展的模式与路径，破解在基础层面体育管理能力不足以及工作不够深入的困难与问题；要敢于不断探索建立向体育社会组织有偿提供全民健身公共服务的机制与办法，满足多样化与专业化的社会需求，以此来弥补各地区政府管不了的与管不到的真空地带。各级各地区政府相关机构需要对体育社会组织进行有效引导，使之将自身的着力点置于群众所急、政府所需之处，深入群众，扬长避短，精准把握全民健身需求的脉搏，提供切实服务。在引导全社会力量参与到全民健身事业发展过程中，必须摒弃社会力量可有可无的错误观点，通过整合社会各类资源，借助各方力量，创建优质全民健身体育公共服务设施、场馆体系，进一步促进体育公共服务体系供给侧的改革，以提供高质量与多元化的服务。在相关政策与法规方面，需要充分调动社会力量制定并落实好相关政策，以主动出击的积极态势，有效协调相关部门并通过不断创新方法打破社会力量办体育不必要的门槛与限制，逐步实现帮扶社会力量降本增效办体育的工作路线。研究表明，采取封闭模式开展全民健身体育工作很难有所成效，只有打开思路、敞开胸襟构建全民健身体系才是符合潮流的大势所趋。今后需要更加积极地引导社会力量参与到全民健身体育工作中来，并且鼓励那些有条件的企事业单位也要积极地参与到科学健身指导中来，激发市场的活力，共谋健身强国伟业。

5. 探索构建中国特色的全民健身工作智库

2015 年初，国务院就关于加强中国特色新型智库建设方面提出了相关指示。该意见提出了建立健全中国特色的“新型智库”，它是一个国家一个民族“软实力”的重要组成部分。为此，要将存在身边的智力资源吸纳过来，落实好国家相关政策法规。可以采取购买服务的模式，借助并借鉴智库的专业思维能力与方法为全民健身工作提出有价值的参考意见，将有限的资源用在刀刃上，使智库在全民健身体育管理工作过程中起到提高质量和效率的作用。因此，在智库的选择与应用上，需要进行系统化的设计并划分好层次与类型。在建设智库体系过程中，智慧资源的遴选一方面需要传统的专家，另一方面需要具备专业思维与工具的新生代专业团队大胆探索与创新，其目的就是创建全民健身体育管理工作智库，为以后的决策与相关政策的制定提供智力支持。最后还要对智库建设进行整体规划，

同步创新组织机构形式与管理模式，统筹政府的智库资源与各事业单位的智库资源以及民间的智库资源，使全民健身体育管理工作智库在资政惠民过程中迈向新征程、创举新作为。

6. 做好全民健身体育统计指标体系建设工作

全民健身体育活动轰轰烈烈地进行了这么多年，做了很多工作，但是很少有科学严谨的数据加以统计与分析。这一切反映出我国对于全民健身体育活动的管理水平还停留在一个比较传统的模式阶段。从国家层面来分析，统计性工作不仅仅是提供统计数据，而是通过统计与分析，对相关国民经济与相关社会运行状况做出分析与判断，目的在于发现某些倾向性问题，并据此提高相应政策与法规的针对性与预见性。由此可见，相关的数据分析与统计在我国国民经济社会发展中起到了非常重要的作用。因此，必须做好全民健身体育管理工作的统计指标体系建设。

第一，需要启动群众体育活动统计标准化体系，采用大数据方式，实现调研数据、工具、方法与机制的标准化。在此基础上，搭建具备科学化、有思想深度且有温度的全民健身体育活动与管理工作的统计指标体系。在新旧统计数据“并轨”过程中，需要甄别既往统计指标、数据的实用价值，对那些相对比较陈旧的统计数据抑或缺乏实用价值的统计指标，需要在科学分析研究的基础上，进一步进行精简与合并，设计出新的统计指标，如可以反映出全民健身体育与经济社会协调发展的相关指标、可以追加全民健身体育活动在全面建设小康社会与和谐稳定局面等方面的指标等。同时，需要把日常的统计与定期的监测相结合，主要进行重点抽样调查与典型调查，进一步提高统计工作的实操性。全民健身体育管理工作的数据统计，是全民体育从行业管理向社会管理转变的关键举措，也是我国检验体育管理与相关部门职能转换方法的重要途径。

第二，将全民健身体育活动管理工作纳入国家统计局数据，构建正式统计序列，以实现科学研究分析。我国体育发展领域不断拓宽，形态升级换代，国际化联动继续深入，无论是在获取更加及时与精准的数据方面，还是在利用所采集的数据讲好背后的故事方面，都需要非常专业的方法与团队。同时，还可以把科学严谨的体育大数据放在国民经济社会发展大局中进行分析与解读，得出有关全民健身体育活动管理的投入与产出，对拉动内需消费、产生更多就业岗位方面的数据，也会分析这些数据在稳定团结与和谐发展方面所做出的积极贡献。对于全民健身体育活动与管理工作，可以启用国家统计部门的专业团队开展相关数据统计与分析，以取得事半功倍的工作成效。实践表明，上海市的体育管理部门已经在此前的全民健身活动状况调查中，充分利用了上海市统计系统的调研团队，并且取得了很好的效果。此外，北京市统计部门还专门设计出关于教育、文化、体育、卫生、旅游方面的报表，其中，包含了北京市体育场馆、晨晚练辅导站、社会体育指导员、青少年体育俱乐部等全民健身体育发展的数据与指标。北京、上海体育部门与统计部门的合作确实在全国走在了前列，值得各地区各部门借鉴与学习。

第三，在统计与分析相关数据过程中，必须要做好日常统计和定期监测工作。需要建立科学的统计方法，升级之前单一、传统的人工数据统计模式。在不断创新数据统计以及数据分析工作思路与方法的基础上，运用抽样调查、典型调查等方法，精准把握统计数据，进而，对现行数据统计管理模式与体制进行深度改革，逐步建立起严谨、科学与规范的日常统计和定期监测体制与机制。与此同时，必须清醒地认识到群众体育是一项全社会的事业，与社会的各方面均有所关联，那么做好数据统计工作就离不开社会各方力量的支持与帮助。各级体育管理部门与相关机构需要有意识地整合社会各方面的资源与力量，科学运用大数据与互联网掌握群众健身需求，可通过公开招标模式使国内大型互联网企业参与其中，构建智能化大数据平台，并及时地掌握全民健身体育活动管理工作的热点问题与发展动态。只有这样才能为全民健身体育事业的发展建立可靠的数据支撑系统。

综上所述，要发展全民健身运动，一定要积极推进全民健身管理工作，特别是针对重点人群的体育管理建设工作，抓住健身活动管理的发展与拓展的关键点，着力推进基础公共设施与服务保障，做好资源合理分配。同时，伴随城镇化发展进程，围绕新型城镇化地区建设健身活动所需的基础公共设施与服务，将全民健身活动向农村延伸、发展。同时，必须进一步强化扶持革命老区、边陲与少数民族地区以及贫困地区的群众体育健身活动。发挥体育在实施精准扶贫脱贫与农业现代化等重大战略发展规划中的积极作用，将百姓的身心健康当作德智体全面发展的内生动力源泉，积极营造参与体育锻炼、强健体魄、充满正能量的新风尚。通过体育健身活动的引导，造就民众融合集体和谐共赢与协调协作的社会氛围；深刻领会、挖掘与传承民族体育文化传统，兼收并蓄国际奥林匹克精神与理念，在弘扬民族精神文明的基础上，借鉴国际化体育精神精髓；增强健身强国坚定意志，以体育促进我国“软实力”的提升，增强民族自信心与民族自豪感。

# 第二节　全民健身活动对人体全面发展的重要性

## 一、人体生长发育的主要特点

人体生长发育是一个连续、统一、完整的过程。人从出生到长大成人，在整个生长发育过程中表现出来的普遍现象，称为生长发育的基本规律。人体生长发育过程可划分为婴幼儿、儿童、少年、青年、成年和老年等不同时期。人体的生长发育过程是从微小的量变到根本的质变的复杂过程，是一个连续地、自然地表现出阶段性质变化的过程，是一个时快时慢的呈波浪发展的过程。

### （一）婴幼儿生长发育的特点

婴幼儿期，是从满月到 3 周岁这个时期，它是人体生长的关键时期。这一时期人体生长发育速度很快，骨骼绝大部分是由软骨构成，含钙盐和其他盐类较少；胃肠功能尽管随着神经调节功能的增长有所加强，但发育仍不完善，消化功能差，容易发生消化不良；呼吸系统还很嫩弱，肺的弹力纤维不发达，肺泡数量较少，肺组织含气量少，含血量多。

婴幼儿时期各种感觉和知觉都在迅速地完善，其中最主要的是触摸觉、视听觉，比较复杂的空间知觉、图形知觉和时间知觉也开始发展，注意力的发展开始表现在对新鲜事物有一定的集中，但很不稳定。

### （二）儿童生长发育的特点

儿童期分为幼童期（3~6 或 7 岁）和童年期（6 或 7 岁 ~ 12 岁）。幼童期又称学龄前期。这一时期孩子与外界接触增多，是模仿性强的活跃时期。神经系统的兴奋与抑制不平衡，过多、过久地活动易出现疲劳。骨骼的骨化过程较强，富有弹性，不容易折断，但受压易变形。5~6 岁时，心脏神经的调节已具备成人的特征，但心肌仍较薄，体积较小，排血量很小，不宜较长时间进行剧烈运动；呼吸道较成人窄小，肺泡的发育程度较差，一旦发生呼吸系统感染，易出现呼吸困难、呼吸能力弱的情况；消化酶和胃酸较成人少，消化功能也不够健全，饮食不当易影响消化系统的功能。

童年期也叫“学龄儿童期”或“小学儿童期”。在此阶段身体发育比较平稳，对外界环境因素和疾病的抵抗力也明显增加。大脑在继续发育，脑细胞分化基本完成，12 岁时，脑重量接近成人；由于大脑的迅速发育，抑制能力和分析综合能力显著提高，动作协调性明显改善，独立生活能力逐渐加强，行为也变得更有意识，开始形成新的个性，富于想象，已有自尊心。心血管及呼吸系统仍在发育阶段，心脏容积仍较少，心率比成人快。消化系统发育特别快，消化能力很强。骨骼发育也有较大的变化，颅骨完全骨化，管状骨变得粗壮，腰椎弯曲已完成，但整个脊柱仍不巩固，胸骨尚未完全愈合，容易变形，故应特别注意培养孩子正确的姿势，防止脊柱弯曲。

随着年龄的增长，儿童各系统发育日趋完善，外界环境的影响使得心理活动逐渐成熟，但思维尚未发育完善，不能把复杂的事物表达出来。4~5 岁以后，儿童情感的稳定性逐步增长，求知欲和认识兴趣明显发展起来，好提问，好猜测；情感的内容不断丰富、质量更加深刻，而且更富有稳定性，更具有自我调节性。

### （三）少年生长发育的特点

少年期是指 13~17 岁的年龄阶段。在这个时期，他们的大脑皮层的形态结构和各种思维过程逐渐发育完善，大脑皮层的兴奋过程显著提高，但神经发育还不够均衡，动作协调性仍较差。女孩 11~13 岁、男孩 13~15 岁开始内分泌（如甲状腺、性腺等）的活动增加。

少年时期骨骼和肌肉的组成有所变化，蛋白质和矿物质相对增多，水分和有机物比例减少，肌肉、韧带逐渐加强。各部分肌肉的发育不平衡，表现在大肌肉比小肌肉发育快、屈肌较伸肌发育快、肌肉长度较围度发育快。除此之外，肌肉的发育在一定程度上还落后于骨骼，故肌肉的力量较弱，耐力也较差，容易产生疲劳。

少年时期心血管机能也有显著的发展，表现为与身体生长发育相适应，但少年时期的肺活量比成人小，进行体育锻炼时，呼吸频率增加明显，所以呼吸肌容易疲劳。

### （四）青年生长发育的特点

18~40 岁是人体的青年时期，人体骨骼骨化结束，机体成熟。身体形态、身体素质基本定型，机体的同化和异化过程处于相对平衡状态，代谢相对旺盛，抵抗能力强，肌肉由青少年时期占体重的 30%~35%增加到占体重的 40%~45%。骨骼中有机物和无机物的比例处于最佳状态，骨骼既有硬度又有弹性和韧性，肌肉、心血管系统及人体的其他组织系统，特别是神经系统的发育更加完善，功能也处于稳定的健康状态。同时，性的发育也达到完全成熟的阶段。身体动作的灵敏度、精确度、运动速度、力量、耐力相对较好。

## 二、身体素质发展的主要特点

在了解人体生长发育基本特点的同时，还必须充分考虑身体素质的发展。身体素质是机体各器官、系统机能的综合表现。儿童和少年身体素质随生长发育得到发展，同时，由于从事体育活动而得到提高。在体育教学和训练中，应根据儿童和少年身体素质发展特点，采取科学的方法，促进身体素质的发展和运动技术水平的提高。

儿童和少年各项素质随年龄的增长而增长，直到 25 岁左右，这种现象称为身体素质的自然增长。男生在 15 岁左右、女生在 12 岁左右增长的速度快、幅度大。12 岁以前，男女之间各项身体素质的差别不大，在 13~17 岁时，身体素质的性别差异迅速拉大，18 岁以后趋于稳定。

身体素质的自然增长包括增长阶段和稳定阶段。增长阶段是身体素质随年龄增长而递增的年龄阶段，包括快速增长阶段和缓慢增长阶段。稳定阶段是身体素质增长的速度明显减慢或停滞，甚至有所下降的年龄阶段。

根据每年增长的速度和增长速度的基本趋势，男生可划分为三个阶段，即快速增长阶段、缓慢增长阶段和稳定阶段；女生可划分为四个阶段，即快速增长阶段、停滞或下降阶段、缓慢增长阶段和稳定阶段。身体素质由增长阶段过渡到稳定阶段有先后之别，按先后顺序排列：速度素质最先，耐力素质次之，力量素质最晚。男女顺序一致。

身体素质发展的敏感期，即指身体素质增长速度快的年龄阶段。各项身体素质的发展与年龄密切相关，在不同的年龄阶段，各项身体素质增长的速度不同。各项身体素质都有其敏感期，男女也有一定的差异，这是身体素质发展的一个特点。评定的标准：我国以年增长率的均值加一个标准差作为确定敏感期范围的标准。年增长率等于或大于标准值的年龄阶段为敏感期，小于标准值的为非敏感期。各项身体素质发展的敏感期的年龄一般是：60 米跑，男子 7~14 岁，女子 7~12 岁；400 米跑，男子 7~14 岁，女子 7~11 岁；立定跳远，男子 7~15 岁，女子 7~13 岁；屈臂悬垂，男子 7~16 岁，女子 7~10 岁；一分钟仰卧起坐，男子 7~13 岁，女子 7~11 岁。

## 三、健身活动对人体生长发育的重要作用

健身活动是一个以增进健康、增强体质为目的的身体活动过程，它可以有组织地集体进行，也可以单个进行，它不单纯追求竞赛的成绩，但有时也通过竞赛的形式来交流锻炼经验，检查锻炼效果。健身活动不是为了追求高超的运动技术，只是在全面身体活动和锻

炼的基础上，选择自己感兴趣的项目或最适合自己身体健康状况的活动形式，也可能是最简单的动作，反复练习，持之以恒。其目的是在原有基础上不断提高健身的效果，不断提高或保持人体的机能。健身活动是促进人体生长发育和全面发展的最积极的因素。

### （一）促进细胞的繁殖，提高人体生长发育质量

健身活动能促进细胞的繁殖，提高各种器官系统的机能水平，从而提高生长发育的质量。在人的生长发育期间，各类细胞的繁殖和细胞间质的增加使人的形体发生了变化，各种器官系统在形态和机能上也有了较大的改变。同时，健身活动可以促使骨骼肌肉发展，使骨骼更加快速增长，有助于人体长得更高；使肌肉纤维（细胞）的数量增加和横截面增大，有助于人体结构规格和比例更加匀称合理，为良好的体姿和体形打下坚实的物质基础。

体格是人体的形态结构，包括人体的生长发育水平、人体的结构规格和比例以及身体的姿态等。骨骼是人体的支架，是人体最结实的器官，并且有造血机能。因此，骨的生长发育不仅对人体形态有重要影响，而且对内脏器官的发育，对人的劳动能力和运动能力都有影响。人体的任何运动都是通过肌肉工作来完成的，发达而结实的肌肉能提高劳动能力和运动能力，而肌肉本身又是人体美的重要体现。健身活动能促进骨骼、肌肉的生长发育。健身活动能加强机体的新陈代谢，刺激骺软骨的增生，因而能促进骨的生长。经常从事身体锻炼的青少年要比一般青少年的身高增长更快；同时，经常运动还能使骨骼变粗，骨密质增厚，提高骨骼抗压的能力。普通人的股骨，只要承受300千克压力就会断裂，而一个经常从事体育运动的人的股骨可以承受350千克的压力而不折断。

经常参加体育运动可以改善肌肉血液供应情况，增加肌肉内的营养物质特别是蛋白质的含量，使肌肉的工作能力得到加强，肌纤维变粗，表现为粗壮有力。一般人的肌肉重量只占体重的40%左右，而系统从事体育锻炼的人的肌肉重量可占体重的45%~50%。同时，由于肌肉中储存氧气的“肌红蛋白”的增加，毛细血管大量开放（比安静时多开放20~50倍），运动者的肌肉比不运动者的肌肉中有更多的能量储备，可以适应运动和劳动的需要。

### （二）促使头脑保持清醒，思维敏捷

大脑是人体的指挥部，人体一切活动的指令都是由大脑发出的。大脑的重量虽然只占人体重的2%，但它所需的氧气量却要由心脏总流出血液量的20%来供给，比肌肉工作时

所需血液多 15~20 倍。可见，脑力劳动比体力劳动所需要的血液和氧气要多。

脑力劳动者长时间伏案工作，这种工作的特点是呼吸不畅，血液循环慢，新陈代谢低下，腹腔器官以及下肢部分血液停滞。因此，长时间地进行紧张的脑力劳动会感到头昏脑涨，这是由于大脑供血不足和缺氧所致。大脑工作时所需的能量主要来源于血液中的葡萄糖。大脑每小时要消耗葡萄糖高达 4 000~8 000 毫克，但大脑本身葡萄糖的储藏量很少。如果连续用脑 30 分钟，血糖浓度在 120 毫克/100 毫升，这时大脑反应快，记忆力强；如果连续用脑 90 分钟，血糖浓度降至 80 毫克/100 毫升，大脑功能正常；如果连续用脑 120 分钟，血糖浓度降至 60 毫克/100 毫升，大脑反应迟钝，思维能力降低；如果连续用脑 210 分钟，血糖降至 50 毫克/100 毫升，就会出现头昏脑涨的情况。

进行体育运动，特别是到大自然中和新鲜空气中去进行身体锻炼，可以使大脑获得积极性休息，同时改善大脑的供血情况。因为体育运动能使人体内的胰岛素工作正常，这样可促使肝脏储存更多的肝糖原，以备在大脑需要时分解释放入血液，保证血糖浓度保持在 80 毫克/100 毫升~120 毫克/100 毫升，使大脑保持正常的工作能力。脑力劳动者进行课间或工间体育活动，能使头脑保持清醒，工作能力恢复得快。

### （三）促进血液循环，提高心脏功能，发展人体体能

体能是人体在肌肉活动中表现出来的能力，是人的各器官系统的机能在人体运动中的具体体现。它包括身体素质（人在运动时表现出来的力量、速度、耐力、柔韧等）和身体的基本活动能力（走、跑、跳、投、攀、爬和提举重物等能力）。

由于健身活动可促进各种器官系统机能的发展，而机能的发展与体能的表现是一致的，因此，在提高体能的过程中，为适应身体运动的需求，身体各种器官系统必须强化其功能。如要发展耐力素质，就必须提高心血管系统、呼吸系统以及肌肉系统持久工作的能力，促进血液循环，提高心脏功能。

心血管系统的功能对人体健康有着举足轻重的影响。进行健身运动时，血液循环加速，以适应肌肉活动能量消耗的需要，这样就能从结构和功能上使心血管系统得到改善。人在安静时血液循环每分钟四次到五次，而在运动时血液循环每分钟可达七次，特别是冠状动脉的血流量比安静时提高十倍，这就大大改善了心脏本身的供血情况，不仅可以防止冠心病，而且提高了心脏的功能。

经常从事健身活动可以使心脏产生工作性肥大，心肌肥厚收缩有力，心搏徐缓，血容量大。一般人的心脏血容量为 700 毫升，而经常从事运动的人心脏血容量可达 1 000 毫升；

一般人每搏输出 60~70 毫升的血，经常从事运动的人每搏输出量可达 80~100 毫升；一般人每分钟心跳 70~80 次，而经常运动的人每分钟心跳 50~60 次，有的优秀运动员每分钟心跳仅为 30~40 次。假定优秀运动员的心搏频率每分钟比一般的人少 10 次，那么一天就可少跳 14 400 次，这就大大地减轻了心脏的负担，使心脏获得较多的休息时间，不易疲劳，疲劳后恢复得也快，收到事半功倍的效果。

除此之外，经常从事健身活动，心脏的功能大大提高，如在进行最激烈的运动竞赛时，训练有素的运动员心率每分钟可高达 200 多次，这是一般人所做不到的。这样就使心脏具有承担紧张工作的潜在能力，一旦需要的时候，就可以承担大强度的工作。经常参加锻炼的人具有强有力的心脏，在进行轻度工作和运动时，在负荷相同的条件下，其心率和血压的变化却又小于一般人，这叫作心脏工作“节省化”现象，这是健身活动给机体带来的好处。

### （四）改善机体的调节能力，提高人体适应能力

适应能力是指人体对内外环境变化的耐受能力和平衡能力，包括对内外环境的适应力和对疾病的抵抗力。人体的内部环境与人体置于其中的外界环境，都是在不断变化的。就人体内部环境而言，其血浆渗透压和氢离子浓度指数（pH 值）通常处于动态变化中，而是否长期坚持运动，对体内这种变化的适应能力并不相同。例如，酸碱度的变化会使人体的机能发生变化，超过一定范围则会危害正常机能，出现酸中毒或碱中毒现象。长期坚持运动的人体对内部环境变化的耐受范围明显增大，机体抗酸能力有所增强。同时，由于机能节省化现象，使人体有了更强的工作能力和抗疲劳能力。运动的人体会与外界环境发生密切联系，并且受其影响。在各种气候和环境条件下进行运动锻炼，能够有效地改善机体的调节能力，从而提高机体对外界环境变化的适应能力。同时，由于运动能促进血液循环，加速新陈代谢，提高造血机能，增强免疫能力，因而提高了人对病毒、病菌的抵抗力，减少了人受疾患侵扰的可能性。

经常从事健身活动能提高人体对外界环境变化的应变能力，能应付各种复杂多变的环境。经常锻炼的人视野宽，大脑皮层对各种刺激的分析综合能力强，本体感觉敏锐，判断时间、空间和体位的能力较强，瞬时反应速度快，判断准确，反应灵活，能协调地支配机体及时做出正确的反应。同时，经常在严寒或炎热的自然条件下运动，可以提高肌体体温调节的能力，增强身体对气温急剧变化的适应能力。

### （五）改善和提高呼吸系统的功能

呼吸是重要的生命现象。通过吸气获得氧气，供给身体需要；通过呼气，吐出二氧化碳。呼吸的停止就意味着生命的结束，可见呼吸系统之重要。肺是呼吸系统的重要器官，也是气体交换的场所。健身活动可以改善呼吸系统的功能，促使呼吸肌发达、强壮、有力，提高呼吸功能。呼吸的深度与胸廓有关，呼吸肌发达，胸围显著增加，呼吸的动作幅度加大，胸廓扩展，深度加深。除此之外，由于人体在运动时的能量消耗增加，新陈代谢加强，需要更多的氧气供给，这就必须加快呼吸的频率（每分钟可达 30~40 次），加深呼吸的深度，动员更多的肺泡参与工作，加大呼吸肌的收缩力量和幅度，从而促使呼吸肌更加发达，肺泡更富有弹性，肺活量增加。一般人的肺活量只有 3 500~4 000 毫升，而训练有素的运动员的肺活量可达 5 000 毫升以上。

### （六）调节人的情绪（心理），增添生活情趣

从事健身活动，特别是从事那些自己非常感兴趣而又擅长的项目，不仅能提高人的身体素质，而且能调节人的情绪（心理），加强人的自尊心、自信心和自豪感，增添生活的情趣。美国一位心理学家曾对大学生做过跑步的实验，他发现跑步能成功地减轻大学生们在考试期间的忧虑情绪。人们还发现有紧张烦躁情绪的人散步 15 分钟以后，紧张的情绪就会松弛下来。

总之，经常进行健身活动能使青少年生长发育健全，体型健美，姿态端正，动作矫健；能使中年人保持充沛的精力和旺盛的生命力，推迟衰老，青春常驻；能使老年人延缓老化过程，健康长寿。

## 四、健身活动的科学依据与原则

生命首先需要合理的营养，没有营养人体无法同外界环境进行物质和能量交换，无法进行同化作用，生命也就无法生存了。同时，生命在于运动，因为运动可促使机体代谢旺盛，使物质转换积累，使各组织系统健全协调。运动是健康的非常重要的要素。生命和健康离不开阳光、空气、水和运动，科学研究已证明，适当的运动确实能延长寿命。

生命在于运动，运动应讲究科学。科学的体育锻炼不但能增强体质、改善健康水平、增长寿命，还能有效地缓解疲劳、调节身心，从而提高生活质量和劳动力水平。因此，健身活动离不开科学的指导，即必须注意适宜的运动负荷，包括运动次数、持续时间和强度

等基本因素。

### （一）健身活动的科学依据

生物学基础是科学健身最基本的理论基础。健身必须符合生理学、解剖学等生物学科的基本原理。健身的强度因个体的年龄、性别、职业、体质状况、种族等的不同而有所不同，健身的强度是适宜的运动负荷中最关键的因素。

运动强度是指单位时间内的运动量。表示运动强度的指标有功率、瓦、能量消耗量、摄氧量、心率、能量代谢率、代谢当量等。运动强度可分为绝对强度和相对强度两种。心率是最常用的强度指标，这是因为心率指标既可以反映机体代谢的状况和水平，又可反映运动时内脏器官的供氧情况，同时也便于在锻炼过程中自我监测。根据机体超量恢复和适量负荷原理，一般把刚刚引起超量恢复效果的强度称为健身阈强度，将此时的心率称为阈强度心率。从阈强度到最大强度可称为健身强度靶区。

### （二）健身活动的运动原则

1. 全面性原则

健身活动应使身体各个部位、各器官系统的功能以及各种身体素质和活动能力得到全面协调的发展。因此，身体锻炼要全面地提高身体素质，包括速度、力量、耐力和灵敏性的练习内容。这些练习内容不仅能促进体质全面发展及增进健康，而且对掌握技术十分有利。它是创造优秀专项成绩的必要条件，也是防止多种运动创伤的重要条件。

2. 系统性原则

健身活动必须经常地、系统地进行。有节奏地多次地重复，才能使健身效果逐步积累，使运动系统及各系统器官的形态和功能逐步改善，从而提高体质、运动素质及运动技巧。

3. 循序渐进原则

人体内脏器官系统的功能活动有一定的惰性，因此在身体练习及学习技能时，运动量应由小到大，技术要求应由简单到复杂逐步增加，从而使机体从相对安静状态进入到工作状态。且机体对外界环境的适应能力和工作能力的提高，需要有一个逐步变化的过程，即机体随运动量的不断增加总是处在“不适应—适应—不适应—再适应”的过程中，以致身体功能及其物质基础发生量与质的变化，从而出现“竞技状态”和“超量恢复”。如果运动量提高过快，超过机体适应速度，非但不能提高功能，反而会引起运动性疾病或损伤的发生。

4. 适宜负荷原则

在健身活动中，参加者承受一定的负荷，并伴有一定程度的疲劳。健身活动的负荷原则应根据练习者的身体状态、健康水平选择练习的项目和方式来确定。从健身的目的出发，以适宜的运动负荷为佳。这种状态下的运动锻炼有利于提高机体的适应能力，并能有效地增强体质。

5. 个别对待原则

健身活动必须根据参加者的健康状况、素质基础、技术水平、年龄和性别以及心理素质等个人特点来确定锻炼内容、手段、方法和运动强度。只有从实际出发，因人而异，才能获得健康效益，才能防止运动性疾病和创伤。

## 五、人体不同时期的健身活动要求

生命降生于世界，“运动”就开始了，最先是无意识的乱动，以后逐渐发展为本能活动，再后来是有目的、有规则的活动。人生不同时期的健身活动有不同的要求。

### （一）婴幼儿期的健身活动要求

婴儿出生4个月以后能翻身，7个月能坐，8个月能爬行，9个月会用手抓东西，到10个月就会用手拿东西和能扶着物体行走，一周岁一般都可以行走并能用双手灵活地摆弄物体。这些婴儿出生后不同时期体能的变化，反映了婴儿不同时期大脑的思维能力和运动器官的发育程度。当运动器官正处于发育的时候，外来给予的适宜刺激将会获得因势利导的效果。因此，婴儿正在学动作时，适当提供辅助活动或引导婴儿学会动作对促使其智力发展和体力提高可收到事半功倍的效果。

### （二）儿童期的健身活动要求

在学会走的基础上发展到跑步，这表明跳或投的技巧性动作在逐渐形成。动作发展的一般规律是一岁学走，两岁学跑，三岁学跳，四岁学投，在掌握这些人类身体活动最为基本的动作之后，五岁开始可以有条件有目的地进行体育锻炼。儿童的体育活动应该讲究科学，活动内容应多样化，以达到全面发展的目的。

### （三）少年期的健身活动要求

此时期后天因素对机体的影响比任何时期都大。如身高，虽然先天遗传因素的影响占有很大比重，而后天的影响也可占25%左右。其他如体重、围度指标和机能、身体素质指标等后天的塑造因素可占50%~70%。诸多影响体质的后天因素中，体育锻炼起着不可忽视的作用，它能促使青少年生长发育，是增进青春健美的有效途径，也为人一生的体型、体力、健康奠定基础。

少年期的体育活动内容是十分广泛的，跑步、游泳、球类、体操等各种各样的活动都是青少年所喜爱的运动项目。青春期的发育是一场全面而深刻的量变和质变的过程，只有进行全面的科学的体育锻炼，才能对机体产生积极的影响。

### （四）青年期的健身活动要求

青年期是人生在事业上不断取得成就，对社会奉献最大的时期，也是在生理机能上从完善逐渐转为衰退的时期，这一矛盾的交叉使人的体质发生了很大的变化。

18~40岁的青年期，因为骨骼骨化结束和机能的成熟，人的体态、身体素质基本上定型，机体的同化和异化处于平衡状态，代谢相对旺盛，抵抗能力增强，肌肉成分由青少年时期占体重的30%~35%增加至40%~45%，因此体力的耐久性和力量比较好。但由于事业、家庭、环境等原因，身体锻炼比青春期显著减少，机体水平因缺乏锻炼而逐渐减退。因此，成年前期应该根据自己的体力、居住条件和工作特点安排时间参加一些体育活动，如球类活动、拳操、游泳、跑步等，以保持体力和精力的旺盛，调节因单一的工作节奏而出现的疲劳，以利于更好地发挥自己的才干，为社会做出贡献。

### （五）成年期的健身活动要求

40岁以后的成年期，机体的机能逐渐衰退，随着年龄的增加，衰老的特征越发明显，其特征是心肌收缩功能减弱，血管的弹性开始降低，血流量减少，肌肉数量和横断面减少，关节韧带活动范围下降，骨骼变脆，神经系统的均衡性降低。

40岁以上的中年人的健身活动应该从实际出发，把握因人、因时、适度量力的原则。舒筋活血是中年人锻炼的要求，在生理负荷安排上以中小负荷为宜，每次活动时间应为半小时左右。锻炼的运动量以身体略有微汗，锻炼后10分钟左右心率能恢复到运动前安静时的心率为宜。锻炼项目应以和缓的项目为宜，如走步、慢跑、太极拳、健身操和器械练习等。

中年人进行体育锻炼时需注意选择适宜的运动项目。中年人各器官、系统都有不同程度的退行性变化，所以选择的运动方式要广泛，力求使全身各部位都参与运动，如步行、跑步、骑自行车、游泳、小球类、登山等。时间紧张的上班族也可以利用工作间歇进行一些简单可行的身体锻炼，如做办公室健身操等。除此之外，应注意确定适宜的运动强度、锻炼时间和锻炼环境。中年人切忌突然的剧烈运动，因为激动和突然启动等不利因素结合在一起，对于潜在的心血管病人具有特别的危险性。

### （六）老年期的健身活动要求

老年阶段身体的同化作用低于异化作用，机体日益衰退，在心理上对体育锻炼顾虑较多，总怀有力不从心的感觉。因此，老年人的健身活动是在特殊身体条件下进行的，活动的内容、生理负荷和活动的方式方法必须与自己的生理、心理相适应。老年人的健身活动应该做到“四忌”和“四要”。

1.“四忌”

一忌进行负重等练习。老年人的肌肉已开始萎缩，韧带的弹性减弱，骨骼炭质成分增多，关节活动范围受到限制，进行负重的锻炼容易发生骨折或损伤关节、肌肉和韧带。

二忌进行屏气锻炼。老年人的呼吸肌力量减弱，肺的纤维组织增多，肺泡的弹性降低，如果在体育活动时屏气，易损坏呼吸肌和导致肺泡破裂而发生支气管咯血等现象。

三忌快速率的运动锻炼。由于老年人的心肌收缩力减弱，血管壁弹性下降，管腔狭窄，血液阻力增大，势必使心脏负担加大。老年人呼吸系统的功能已经减弱，其肺活量和通气量减少而供氧不足，而且快速运动时的耗氧量加大，极易导致缺氧昏晕现象。尤其是心脏病和高血压病患者，快速运动将促使脉搏频率和血压骤然升高而发生意外。

四忌进行抗争活动和竞赛。因竞赛和抗争活动必然引起神经剧烈兴奋，同时抗争会产生自身最大能力的获胜心，这种情况会使老年人在生理和心理上发生力不从心的矛盾，导致一些患心血管疾病的人发生严重的后果。

2.“四要”

一要因人制宜，量力而行。老年人应根据自身情况和锻炼水平，选择适宜的内容与方法，一般可进行一些速率均匀、动作缓慢、强度不大的活动，如保健操、气功、太极拳、慢跑、快走、走跑交替等，项目不宜求多和求新，能体验到身体和精神的亢奋效果就行。

二要循序渐进。开始时活动量要小些，以稍觉疲劳为度；坚持原活动量至一段时间之后已不感到疲劳时，再逐渐增加运动量。如适应能力在渐渐提高，说明体质也随之增强了。

三要持之以恒。体育锻炼只有坚持不懈才能有效，如果“三天打鱼，两天晒网”，间断进行，各器官系统得不到连续的刺激，则达不到好的效果。持之以恒的精神，首先是参与，从参与中养成锻炼的习惯，从兴趣的满足中获得发自内心的快乐。

四要注意安全，讲究体育卫生。体育锻炼是一项科学的身体活动，每个动作节奏以及用力大小、时间和内在意向都有其规律和特点，如莽撞不讲科学，将会适得其反。锻炼之前要做准备活动，锻炼时要注意场地环境的安全，懂得运动过程中的自我调节以及掌握运动中出汗程度、饮水多少等知识。

## 第三节　全民健身活动与社会进步的必然联系

### 一、全民健身活动推动我国经济发展

#### （一）全民健身活动促进我国生产力的发展

生产力是具有一定的生产经验和劳动技能的劳动者与生产资料相结合所形成的征服自然和改造自然的能力，包括参与生产过程的劳动者的劳动力和生产资料的自然力。劳动力，即劳动者的体力和智力。劳动者的素质标志着劳动力的能力大小，是生产力水平的主体尺度，它包括劳动者受教育的程度、劳动者的身体素质和精神面貌以及劳动者的积极性和创造性等。全民健身活动对生产力的促进作用主要通过劳动力的再生产来实现。

1. 全民健身活动可以培养劳动力

全民健身活动能够促进人体机能的生长发育、防止疾病和推迟生命衰老，它能全面提高劳动者的身心素质，特别是在提高身体素质方面具有不可替代的作用。影响青少年、儿童身体素质的有遗传、营养、卫生保健等因素，而科学地进行体育锻炼对提高青少年的身体素质具有独特作用。体育运动可以改善青少年的身体形态，改善神经系统、内脏、器官和机能，提高身体的基本活动能力和运动能力。身高、体重、胸围、坐高等身体发育指标是影响体质的重要因素，能反映出人的体格健壮的程度。经常性的体育锻炼可以促进血液循环，给骨骼供应更多的血液和养料，还可以刺激骨骼的生长。体育锻炼还可以增加对肌肉的血液供应，使肌肉的毛细血管网增多，肌纤维变粗，使青少年体重增加，身体显得强壮结实。

2. 全民健身活动可以发展劳动力

人们经常参加体育运动可以提高心血管的机能，使心脏出现运动性肥大，心脏每搏输出量增加，安静时心搏频率减慢。训练有素的运动员在剧烈运动时心搏率最大值可较一般人高，供血量可比安静时增加 10 倍左右。体育锻炼还可以改善呼吸系统的功能，为人的机体提供更多的氧气。坚持长跑锻炼对增大肺活量、提高吸氧量的效果最为明显。一般人吸氧量每分钟约 2 升至 3 升，而优秀长跑运动员最大吸氧量每分钟可达 5 升以上。坚持体育运动可以促进神经系统机能的发展。在体育锻炼时，人的各器官系统和肌肉的活动都是受神经系统支配和调节的。无论是形成动作技能的条件反射，还是对外界刺激做出相应的反应，协调人体的动作技能，以及对外界的适应能力等方面，都能使神经系统的功能得到改善。正是由于神经系统机能的提高，人体活动才能在一系列功能上表现出动态的平衡。体育运动能提高人的体质水平，不但体格健壮，而且体力充沛，精力旺盛，因而会提高劳动能力。

3. 全民健身活动可以保护劳动力

体育运动可以保护劳动力，主要表现在：

第一，降低发病率。体育运动可以增强人的体质，改善人体的机能，提高人体对自然界的适应能力和对疾病的抵抗力，减少疾病的发生。

第二，可以减少工伤事故。体育运动可以使劳动者体力旺盛，肢体灵活，精力充沛，在生产过程中减少疲乏感，注意力可以高度集中，操作机器时动作敏捷、灵活、协调，能够减少生产事故和工伤事故。

第三，可以防止或减少职业病的发生。在现代生产分工条件下，劳动分工较细，劳动过程中人们往往重复单调机械的动作，容易使得人的肢体局部过度疲劳而造成局部机体组织的损伤和病变，或片面、畸形地发展，而形成“职业病”。某些体力劳动者长期缺乏全身性的活动，心、肺等内脏功能下降，也会使体质变弱。坚持体育锻炼会使全身肌肉和关节得到活动，促进血液循环和新陈代谢，可以防止和减少职业病的发生。从事脑力劳动的知识分子一般都长时间在办公室内伏案工作，持续地进行高度紧张的思维活动，体力活动较少。如果脑力劳动时间过长，大脑过分紧张超过了负荷能力，缺乏必要的休息，就容易引起神经衰弱。由于长期伏案工作，体力活动不足，还容易发生高血压、冠心病等慢性病。健身活动对这些“运动缺乏症”能起到有效的防治作用。

4. 全民健身活动可以延长劳动寿命

人体随着年龄的增长，机体不可避免走向衰老，各器官系统的功能趋于减弱，身体活动能力和运动能力逐渐降低，身体对自然界的适应能力和对疾病的抵抗力也逐渐降低。

坚持合理的、科学的体育锻炼，可以使心脏的收缩力加强，从而保证心脏冠状动脉的血液循环量及对心脏所需要的营养物质相匹配的氧气供应量，还可以锻炼血管的收缩和舒张机能，保持血管的弹性，防止血管硬化。坚持体育锻炼可以保持呼吸肌的力量不致衰退，改善肺的换气功能和身体吸氧的能力；可以防止腹壁肌肉松弛无力，保持胃肠的蠕动能力和消化能力；可以延缓脑动脉硬化过程，改善脑部的氧气供应，延缓脑功能的下降，改善大脑对器官系统的调节功能。坚持适当的体育锻炼，有可能延缓衰老过程，维持机体功能，不但可以预防老年疾病发生，延长劳动寿命，保持劳动能力（主要指体力和精力），使之不致明显下降，而且还可以充实老年人的精神生活，增强信心，从而增加快乐，延年益寿。

5. 全民健身活动可以“修炼”和恢复劳动力

科学的体育锻炼具有一定的医疗作用，不但能治疗一些慢性病，对人体内脏器官和肢体等局部机能的恢复起强有力的促进作用，而且对全身也有积极影响。

适当的体育运动可以提高大脑皮层的功能，恢复失调的人体内部的平衡，提高防病治病的能力。体育锻炼可以利用动静结合的方法，调整和改善内脏器官的功能，如心跳的快慢、血压的升降等，从而减轻以致消除人体的病理状态，治疗心血管疾病。体育锻炼可以增加每搏输血量，加快血流，促进全身和局部的血液循环，加快局部组织功能的恢复。体育锻炼可以增大肺的通气量和吸氧量，可以改善消化系统的功能，增强体质。体育锻炼对人体具有以上诸方面的影响，因而可以“修炼”劳动力，帮助劳动者恢复健康。健身活动对一些慢性病的医疗作用十分明显。太极拳、气功、练功十八法以及各种医疗体操，对患有颈椎病、肩周炎、腰腿病、胃下垂、肠功能紊乱等疾病的人，有特别显著的效果。

### （二）全民健身活动可以拉动体育健身消费

市场需求首先是消费需求，消费需求满足了以后，又会形成新的需求，新的需求推动生产不断发展，促进经济增长，而经济增长的结果又会增加居民的收入，扩大消费需求，从而形成消费需求与经济增长之间的良性循环，促进整个国民经济的发展。由此可见，消费始终贯穿于整个经济活动的起点和终点。目前，我国市场存在着消费需求不足的情况，而消费需求才是经济增长的持久的拉动力量，特别是经济启动以后，必须有消费增长的配合，才能把行政启动变为市场启动，促进经济持续增长。

开展全民健身活动能够拉动体育健身消费，刺激内需的增长。在健身领域里，无论是运动场地还是运动器材，无论是球衣还是球鞋，都能够为商家提供丰富的市场切入点。全民健身活动刺激了体育产品的需求。如今，全国各大城市运动场所人气极旺，体育用品在淡季依然热销，居民购买健身器材以及营养保健品的支出大幅度增加。此外，全民健身活动不仅推动了体育用品市场的发展，还拉动了人们对非体育产品的消费。

## 二、全民健身活动推动我国文化发展

### （一）全民健身活动属于精神文明建设范畴

体育作为一种特殊的社会现象，属于大文化的范畴。人们所理解的广义文化，指人类所创造的物质文明和精神文明的总和；对文化做最狭义的解释，指的是“精神文化”。实际上，文化是人类创造的产物，是人类社会实践活动的结晶，是构成社会诸种现象的事物的复合体。它除了以教育、科学、艺术等为重要组成部分之外，还包括体现在人们物质生活和社会生活关系中的饮食文化、衣着文化、住宿文化、游乐文化、体育文化等。

健身活动作为体育范畴中最本质、最核心的内容，自然是人类文化的组成部分之一。人们已经认识到，作为一种特殊的文化现象，健身活动最为人们喜闻乐见、广为接受、积极参与。随着社会的进步，它越来越成为人们生活中必不可少的重要组成部分，而且已被人们从意识和观念上定位为人们生活水平和文明程度的重要标志。换句话说，缺少健身活动内容的生活方式不能被视为完整的现代文明的生活。健身活动在丰富文化内容、充实文化生活、促进社会文明的进程中显示出越来越重要的作用。

全民健身活动之所以能蓬勃发展，是因为它确实是一项“利国利民”的“民心工程”，它符合时代发展的需要，也体现了代表先进文化的前进方向，促进了人们身心健康发展和素质的提高，进而有力地促进了社会主义精神文明建设。

### （二）全民健身活动是现代健康文明的生活方式

一定的社会生活方式可以反映出一定社会发展的文明程度。当前和今后一段时期，引起我国社会生活方式变化的因素有很多，一是生活环境更加开放，影响和带动社会生活方式多样化；二是物质生活更加富裕，从而促使社会生活方式由温饱型走向小康型，由产品型走向商品型，由节约型走向消费型；三是思想文化氛围更加宽松，人们的现代生活观念不断更新，使社会生活方式在意识层面发生深刻的变化。

现代社会的高速发展，不只是科技和经济的高速发展和增长，也不只是人类财富的增加，还会伴随着人的思想观念、思维方式、行为方式以及人类的生活方式发生更大变革。我国改革开放40多年以来，人们充分感受到这种改革和发展带来的巨大变化，持续的经济增长带来了人民大众生活水平的迅速提高，充足的物资条件较大地满足了人们日益增长的物质和精神需要。21世纪，我国社会正以较快速度从家庭的、乡村的、较封闭的传统社会，向工业的、城镇的、开放的现代化社会转变，人们的生活水平得到很大提高，恩格尔系数大大下降，与传统的家庭生活与消费结构比较，已经发生了很大的变化。毋庸置疑，今天中国人民的生活方式已经告别过去，正进入一种与时代发展进步相适应的现代生活方式。

生活方式的变化与人们生活需求和思想观念是息息相关的，从某种意义上讲，也与人们的经济条件是相关的。改革开放以前，中国人较为贫穷、机械、单调的传统生活方式是同中国总体生产力水平不发达的经济状况相一致的。而今，人们已经不再满足于业余时间就做家务，或去商场购物，或去影院看电影，代之以内容更加丰富多彩的各种活动方式。“以人为本，健康第一”已成为人们意识中的应有之义；一家人或几家人，甚至一个单位集体登山旅游或从事户外健身活动，中老年人以个人或集体形式骑自行车甚至徒步环游活动已不再稀罕；国际大赛招引成千上万国人兴致勃勃专程出国观赏，这已不是新闻。人们的生活方式日新月异，内容繁多。但是，不难发现健身活动始终是其中重要内容之一。人们喜欢在业余时间到体育俱乐部或到社区健身场所参加各种健身锻炼和各种文娱体育活动。在城市社区广场，健身爱好者丰富多彩的锻炼活动俨如一道别致的城市风景线，吸引了越来越多的人加入。如今各阶层各群体的人利用节假日组织进行各种体育活动，内容繁多，形式多样，体育锻炼已经成为人们生活中不可或缺的组成部分。不少人认为，一方面，现在生活水平提高了，现代文明病也增多了，健身需求越来越迫切；另一方面，林立的高楼、紧锁的铁门阻碍了人与人之间的交流，因此，从某种意义上说，体育锻炼既能达到健身的目的，又能成为人们交流沟通的最有效的方式。

社会生活方式的多样化是经济发展和社会进步的结果。开放的社会环境、富裕的物质生活、宽松的文化氛围有利于社会主义市场经济的发展，能有效增强人们的竞争意识、效率意识、民主法律意识，增加人们的独立性、选择性、多变性和差异性。

社会生活方式是社会主义精神文明的重要组成部分，社会能否良性运行和充满活力，归根到底取决于它能否向人们提供符合人的本性与发展的生活方式。提倡“以人为本”，强化人的重要性，必须要有社会责任感，要遵守社会公德和公民道德，必须将个人的利益与社会的、国家的利益相协调，要弘扬文明、健康、科学的社会生活方式。人们喜闻乐见并热衷参与的健身活动正是一种利国利民、“功在当代，利在千秋”的健康文明的生活方式，因此应当予以大力支持。

### （三）全民健身活动已成为人们闲暇活动的重要内容

现代社会的生活（工作）节奏逐步加快，余暇、休闲时间逐渐增多。当人们在享受这些闲暇时光的时候，自当考虑这些闲暇活动的安排问题。毋庸置疑，休闲在今天人们的生活中已经处于越来越重要的位置，越来越成为人们十分热衷和关心的话题。

谈到闲暇，人们往往容易想到休闲（两者虽不完全同义，但也比较近义、相似），也容易想到休息、消遣、消费，甚至想到工作之余睡大觉、看电视、逛商场或去旅游等。总之，对闲暇这一概念已不再陌生。如今休闲去处多了，休闲时间多了，休闲者兜里的钱也多了，真是“万事俱备”即可“休”。休闲与社会生活方式有着紧密联系，休闲活动应当属于人们生活方式的一个重要内容，生活方式是多样化的，休闲活动内容也是多样化的。比如，有的喜欢听音乐，有的喜欢看体育比赛，有的喜欢在安静的环境中读书，有的喜欢在热闹的场合歌唱跳舞，真可谓各有所好。一般来说，举凡自己喜欢的就认为是最好的，但是应当指出，休闲内容存在着高低雅俗之分，也存在着高级享受与低级享受之分。从休闲价值观看，从精神文化层面给身心带来益处的活动当然要高雅得多，是最值得加以提倡的。

休闲已经涉及广大人民群众的切身利益，是我国一种新兴的社会文化现象。发达国家的经验表明，当休闲娱乐越来越成为人们日常生活中的重要组成部分时，政府就必须承担相关的责任，提供形式多样、内容健康的休闲活动。创造出一种良好的社会氛围是很重要的，人们可以在轻松的休闲之中愉悦精神、陶冶情操、强健体魄。从政府有关部门来说，引导、组织、服务好群众的休闲生活，是促进社会安定、推进文化发展的重要课题，符合先进文化的前进方向。

马克思曾说过，自由时间是不被直接生产劳动所吸收的时间，它包括个人受教育的时间、发展智力的时间、履行社会职能的时间、进行社交活动的时间、自由运用体力和智力的时间，与之相适应，给所有人腾出时间和创造手段，个人会在艺术、科学等方面得到发展。人们在现代紧张生活之余，可以通过休闲放松身心来获得自己的一种精神解放，而精神的自由与人的创造力是相关的，没有心驰神往的境界，就难以发挥出创造力。由此可见，人们对休闲应当有新的认识，对闲暇活动的安排应该有一种更高尚的、精神的、身心的、文化的需求，因此可以说休闲与人的全面发展是联系在一起的。

近年的长假，不少人在选择外出观光时更多地把目光从旅游热点地区转向了参与体育锻炼，并作为节日消闲的一项重要活动。人们认为节日期间选择同家人、同事或朋友一起参与体育活动是很好的方式，更多的人开始从观光式出游向参与式、健身式出游转变。于是，就有了陕西、山西等地的登山节活动，就有了银川“国际摩托旅游节”，就有了武汉“国际抢渡长江挑战赛”，就有了“云南国际（体育）旅游节”，就有了河南“全民健身周”和四川攀枝花将体育与旅游结合的长江漂流活动，等等。

文明、健康的体育健身活动正在悄然占据着人民的闲暇时间，成为人们生活方式中不可缺少的组成部分，这是时代发展的结果，也是社会文明进步的结果，既符合人的需要，也符合先进文化的前进方向。

## 三、全民健身活动推动我国教育发展

### （一）教育是培养人的身心素质的活动

教育是有目的地培养人的活动，这是教育的本质所规定的。教育对人的培养过程是促进人的身心素质发展的过程。细分起来，塑造人的身心素质应有三层含义：

第一，人生下来就具有在进化历程中沉淀下来的先天烙印，这就是人类所特有而其他动物不具有的生理和心理素质。教育的重要内容之一，就是“引发”人的生理、心理素质，使人的原始的丰富的素质呈现出来。这可以称为人的本质的“外化”。

第二，人不仅是自然实体，而且还是社会实体。人既然是社会实体，就必然会在后天生活中获得人类在历史进程中所形成的人们共有的文化。人总是在一定的文化环境中生活的，人所处的环境中的文化给人的心理以潜移默化的影响并形成人的社会属性。这种影响完全是一种不自觉的过程，即“文化无意识”作用，广义的教育就是“引发”这一过程，或称“文化化”。

第三，人在其现实性上又是社会关系的总和。人总是具体的人，而不是抽象的人。教育的特定职能就是按照社会要求造就一定社会所需求的人。这一过程，也就是将一定的社会本质内化于个体，这可以叫作社会本质的“内化”。人的本质的“外化”，后天社会生活的“文化化”与社会本质的“内化”，都是相对意义上的用语。没有“内化”“文化化”，也就谈不上“外化”。它们之间的关系是矛盾的运动、矛盾的发展、矛盾的转化。

教育的过程就是教师凭借一定的手段将特定的内容转化于受教育者的主体之中的过程，教育过程以动态的形式表现出来，而结果则以静态的形式存在于受教育者的主体内部，教育对象化了，而对象被加工了。教育者的教育结果就是促进人的身心达到不同的发展水平，培养社会所需要的社会成员。教育的普及率越高，受教育的面就越大；教育水平越高，受教育者的身心素质发展程度也越高。从这个角度讲，教育活动与全民健身活动有高度的一致性，都是要促进人的身心素质发展，只是各自的着力点和侧重点不同。

### （二）青少年和儿童是全民健身活动的重点对象

青少年和儿童时期不仅是增长知识的最佳时期，也是长身体、增强体质的最佳时期。全民健身计划以全国人民为实施对象，以青少年和儿童为重点。青少年和儿童的健康成长关系到国家的富强和民族的昌盛。要发动全社会各级各类学校全面贯彻党的教育方针，努力做好学校体育工作。要对学生进行终身体育的教育，培养学生体育锻炼的意识、技能与习惯，学校教育的特点决定了在学校中开展健身活动的系统性、规范性和科学性。因此，抓好青少年和儿童的健身活动，与搞好学校体育工作是从不同角度提出的同一问题，其目标是一致的，这不仅有利于青少年和儿童的健康成长，也将为他们的终身体育奠定良好的基础。

### （三）健身活动是我国素质教育的重要内容

素质教育自20世纪80年代中期在国内兴起，现在已成为深化教育改革的手段和目的。对素质教育有很多不尽一致的具体的解释，但其要义至少有三：一是面向全体学生；二是学生德、智、体、美全面发展；三是学生主动发展，形成健全的个性。

健身活动成为素质教育的重要内容是素质教育的本质和目的所决定的。实施素质教育就是全面贯彻党的教育方针，以提高国民素质为根本宗旨，以培养学生的创新精神和实践能力为重点，造就有理想、有道德、有文化、有纪律的、德智体美等全面发展的社会主义事业建设者和接班人。

要实现素质教育的目的，必须把德育、智育、体育、美育等有机地统一在教育活动的各个环节中。学校教育不仅要抓好智育，更要重视德育，还要加强体育、美育、劳动技术教育和社会实践，使诸方面教育相互渗透、协调发展，促进学生的全面发展和健康成长。只有切实按照德智体美等全面发展的人才标准开展素质教育，才能保证人才培养的正确方向和人才的健康成长，使人才培养目标顺利实现。全面提高教育质量是当前我国教育亟待解决的核心问题。教育质量是德、智、体、美诸方面教育质量的总和，不是单单一“育”所能代替的。只有通过实施素质教育，才能从根本上提高教育质量，使学生得到全面和谐的发展。因此，各级各类学校都要真正树立起德智体美并重的全面发展的教育观，坚持德智体美一起抓，坚持以全面的观点去进行德智体美等方面的素质教育，把促进学生素质全面发展的教育目的真正落到教育的每一个方面，贯彻于整个教育过程的始终，并以此作为检验和考核教育教学工作的标准。由此，学校教育要树立健康第一的指导思想，切实加强体育工作，使学生掌握基本的运动技能，养成坚持锻炼身体的良好习惯，始终把增强学生的体质，促进学生的健康放在素质教育的重要位置。

## 第四节　新时代我国全民健身发展目标分析

全民健身是由我国政府倡导并领导，整个社会与全体民众共同支持参与的一项以增强全民体质为目的的战略性系统工程，它是一项长远工程，是跨越过去、改变现在并造福未来的事业。全民健身不仅能够提升我国人民的身体健康和素质，还能够推动我国人民形成更科学、更文明、更健康的生活模式，达到竞技与大众体育的两手都要硬，促使物质文明与精神文明的共同进步。全民健身战略的提出，是对当前我国群众体育的具体实践的指导与推动，为体育理论的发展与建设提供现实依据与理论指导，对我国与全世界人民身体素质的提高有重大意义。

### 一、通过全民健身推动社会发展

我国当前正在全面建设小康社会，小康达成的基础是全民身体健康指数达标，并且还要在各个地位层次的人群对健身要求越来越高的时候能够满足他们的这种需求。强健的体魄对于科技的快速发展和促进社会和谐同样具有深远的意义。全民健身发展给国家层面带来的效益有以下几个：

其一，我国人口众多，在吃饱穿暖以后人民对文化和体育上的追求就上升了一个层面，他们不满足于只是单纯的物质富有，强健的体魄也同样是美好生活应该具有的。毕竟大多数国民现状是吃饱穿暖幸福美满，他们对除衣食方面外的需求变得更为渴望，全民健身的发展不仅使大部分国民的身体更加健康，还满足了他们的健身需求。

其二，我国当前老龄化严重，急需优质劳动力，全民健身可以使国民身体素质上升，可以让国家需要的人才更加全能。劳动者是最基础的工作者，他们关系着整个国家的经济发展。所有关于国民的素质进步都植根于强健的体魄，而全民健身能达到这一点。

其三，法律保护方面。我国的宪法以及相关法律明确规定每个国民都有权参与全民健身，法律层面是足以保障人们参与全民健身的权利的。人们要更加清楚地意识到参加体育锻炼是自己应当享有的权利，法律已经为这件事情提供了保障。

其四，当今的社会十分需要全民健身的发展。体育是一项于国民根本利益十分重要的事业，我国的宗旨是为人民服务，将全民健身和全民身体素质强化划进重要部分，是我国对国民体质的重视。曾有许多领导人提出过体育活动对于国民素质拓展的重要性，全民健身是这种重要性的一种具象化。

其五，从国家体制方面看，可以与体制更加契合。我国现如今开始了经济建设的转型，所有的活动都要跟上国家整体的步伐，才能产生真正的转型。我们不能再秉承着过去举办体育活动的方法，要刺激全社会对体育活动的积极性，促进全民健身的发展。全民健身可以促进中国特色社会主义的发展，使国力更加强盛。

其六，跟随世界的脚步，与世界共同进步。不仅是我国，世界各国都已经把全民健身之类的活动当作一种必不可少的活动，体育不再只是一种带有竞技色彩的活动，它更注重于强健人们的体魄，这在全球范围内都不容置疑。国际方面的官方组织也制定了许多相关的法则，并举办了很多活动以带动全世界的体育事业发展。国内也进行全民健身的普及，我国幅员辽阔，人口众多，在我国发展全民健身这样的活动一定会对世界范围的体育事业发展造成极大的影响，促进全世界的全民健身更快发展。

## 二、增强国民体质，提升全国人民健康水平

一直以来，国民体质都是评判国家综合实力的一个重要标准，而体育活动是世界公认的增强身体素质、提升体质的最有效的方法。因此，世界各国为了提升国民身体素质，都在努力培养国民形成科学的健身观，从而全面提升国民身体素质，其中，美国是这方面的佼佼者。1980 年，美国就以国家名义制定并推行了增强体质、预防疾病的目标，对人们运动的强度与时间做出了硬性要求。1988 年，美国又在所有学校推行了最佳健康计划，而后又于 1990 年在全国推行了 2000 年要达到的健康计划与目标。

对我国而言，在社会主义建设过程中，国民体质与健康的提升是体育事业建设的首要任务，这也成为我国推行群众体育的出发点与落脚点。21 世纪之初，我国就提出要开展全民健身运动，这也代表着我国的群众体育建设正式进入新阶段，活动的普及度与强度都有所提升，而这也必然会给我国民众的健康水平提升与体质加强带来积极、长远的正向影响。

自从改革开放以来，我国不复过去物资匮乏的情景，经济水平快速发展，温饱问题得到解决，生活水平大大提升，自然而然地，人们便对各方面提出了更高的要求。特别是随着互联网与智能手机的普及，人们的生活方式与工作状况都不自觉地发生了巨大变化，社会竞争日益加剧，生活节奏更快，工作与生活的界限逐渐模糊，这些都让所谓的文明病与亚健康状态成为普遍现象，愈发要求人们拥有足够强健的身体与充足的精力。体育活动的重要性就无须赘言，人们必须尽快地认识到这种重要性并参与到体育活动中来，更健康地生活。这在西方发达国家已得到践行，人们具备了科学的健康观，把健康视作幸福的根本，体育锻炼是生活中不可或缺的必备物。全民健身活动的展开对中国人民体质的增强、全民健身运动的持续发展、精神文明建设及物质文明的发展都有重要的意义。

首先，全民健身能够提高我国人民的健康水平，而国民健康水平的提高是进行社会主义建设的基础。不仅我国，世界上很多国家也意识到了全民健身的重要性，在西方很多国家已经把日常身体锻炼当作生活中不可缺少的一部分，并普遍形成了积极向上的健康观。而在我国，人们对于体育健身的重要性的判断以及参加运动人员的状况都不容乐观。据统计，有百分之二十的人在一周内没有任何体育健身活动，这部分人大多有一个思想误区，即无须过多健身运动，仅仅靠大量的药物和补品就可以达到身体长寿的目的。因此，需要提高人民群众对体育锻炼的认识，使人们拥有一个正确的健康观，从而真正靠健身运动来提高我国人民的身体素质。

其次，全民健身可以促进群众体育的全面发展。实现全民健身的重要保障是有充足的健身场所，而我国与世界体育大国相比较，体育馆、体育设施的建设还有很大的差距。伴随对全民健身的重视，人们对于体育健身场所的需求也越来越大，因此我国就需要调动社会力量兴建健身场所，同时将健身场所的建设列入城市规划中来。为了让更多人加入到全民健身事业中来，需要使群众的体育健身项目变得更加丰富，要将娱乐设施、健身设施、休闲设施等项目结合起来，建设游泳馆、网球场、乒乓球场、咖啡厅等为一体的健身场所，提高人们对全民健身的积极性。这样既带动了经济的发展，又推动了我国全民健身的发展。

最后，全民健身可以增强我国的文化建设。由于全民健身参与的人数较多，自然人与人的接触也增多，在体育竞技比赛的过程中，尤其是世界范围的比赛，观看这样的比赛可以增强我国人民的爱国热情；日常比赛的训练可以增强人们的意志力，提高生活中克服困难的能力；在团队较量中，可以提高人们的团队意识，培养人与人之间互相帮助、团结友爱的精神；在工作之余进行体育健身活动能够调节精神、消除疲劳，增强人们的工作效率，减少职业病的发生。全民健身运动使人们的生活不再单一，人们变得更加健康、乐观。这对抵制社会低俗、消极的影响，形成积极向上、健康文明、团结友爱的社会风气有重要的意义。

只有加强对大众体育锻炼与健康观念的宣传，才能促使国民逐渐形成科学的健康观，走出房间进行体育锻炼，这才是增强国民体质的最根本办法。

## 三、持续推动群众体育的全面发展

全民健身的提出和大力推广，为当前群众体育的弱势地位提供了很好的赶超机会，更便于扭转群众体育的不利局面。借此良机，群众体育的建设应迅速提上日程并落实到位，让群众体育快速发展。

首先，全民健身战略的重要地位催生了更多的体育场馆与设施，这些场馆与设施为群众的体育健身活动提供了充足的空间，拓展了体育锻炼的活动形式与内容，是全民健身战略得以实施的基础与前提，而全民健身概念的重要指导地位也让各级政府与民众更加积极地建设体育场馆、采购体育设施。尽管当前与西方国家相比，我国无论是人均体育场馆面积还是人均体育设施的数量都有很大差距，离真正达到“全民”健身的要求也还有很长一段路，但在全民健身战略的倡导下，加强社会各界的共同参与，在开发现有场馆之余，尽可能多地兴修新的体育场馆。政府在规划城市建设蓝图时，应当把建设体育场馆与设施也纳入进来，让体育用地与其他生活与娱乐场所结合起来，更适应群众健身的需要。体育场馆与设施的完整配备，是群众体育得以进行的基础，场馆设施种类越丰富，可以进行的体育项目也就越多，不再只停留在跑步上，球类、游泳等体育项目也能逐渐进入群众体育之中。除发扬我国传统健身项目如太极、武术之外，还要引进国外其他项目，让群众体育更多样，适应人群更广大。

其次，全民健身能够增强民众的体育意识，提升体育人口数量。随着全民健身的快速发展，在有了充分的体育实践之后，相配套的理论知识自然也要提上日程，群众也迫切想要了解相关知识。这种较高层次的需求将促使体育知识在大众中迅速普及。同时，国民中已经参加体育活动的人可以从体育锻炼中得到“实惠”，从而影响身边的人参与进体育锻炼中来，这样一个带动一群的辐射效应能有效地增加体育人口数量。体育人口指的是那些对体育知识与技术有着基本了解并常参与各类运动的人，是国家发展到一定阶段的重要评判标准。通常，经济发展更快、综合国力更强的国家，体育人口数量及其占比也会更多。要提升体育人口数量，就要推动体育的群众化与社会化，向社会与大众宣传科学的体育知识，加强场馆与设施的配备，增强群众体育意识，让群众体育更多样化、规范化地发展，逐步养成科学的健康观与锻炼习惯。群众体育的开展要从点辐射到面，个体带动群体，逐渐让全社会都参与进来，形成良好的群众体育态势。

最后，全民健身和竞技体育是相互促进的，全民健身能为竞技体育提升知名度和影响力，为竞技体育提供充足的人才储备。我国相关部门在提出并落实两个计划中谈道：体育应当是大众体育与经济体育的兼容，二者相辅相成、共同成就，切忌偏废，群众体育是竞技体育发展的基础与土壤。在世界范围内，任何一个竞技体育发展得好的国家，背后都有着广泛开展的群众体育的支撑。群众体育尽管与竞技体育在发展对象、目标与具体内容方面存在众多差异，但它们实际上是相互依存的。一方面，大众体育广泛推行之后，我国整体国民的身体素质都会有显著提升，从事体育活动的技术水平也会随之提升，建立了群众体育的基础之后，竞技运动的水平自然也就水涨船高了。竞技体育的人才也可从群众体育中筛选，在群众体育的筛选过程之中，那些具备天赋的普通群众就能更方便地被发掘到竞技体育中去，成为后备军与新鲜血液。另一方面，竞技体育的快速发展也能为群众体育的开展提供强心剂与科学指导。越是竞技成绩好的项目，越容易在国内推广，如我国的乒乓球，成绩越好，群众参与的积极性也就越高。同时，竞技体育中一些科学的训练方法也能为大众体育的进行提供科学的指导和有益的借鉴。

## 四、促进社会主义物质文明和精神文明建设

首先，全民健身的推广能够有效地提升劳动者素质，促进国家经济发展。劳动者的身体健康状况是劳动者素质的基础。劳动者身体素质越强，他们的伤病率也就越低，在日常工作中的出勤率与生产效率也会越高，从而提高生产力，国家经济发展与综合国力都会随之上涨。全民健身通过增加国民锻炼的频率、强度与种类，可以很好地增强国民的体质，在运动中缓解生活与工作中的压力，让劳动者能够有效调节心情、提升专注度，为后续工作效率的提高打下基础。同时，更多参与体育锻炼能够加强劳动者的身体免疫力，更好地抵御疾病的干扰，更有效地避免各类可能的常见病与职业病，从而减少工伤事故甚至是过劳死的发生，有效地保护劳动力，达到节省医药费和抚恤开支的目的。在一些研究中，有人发现，不经常参与体育运动的劳动者比常参与的劳动者的生产效率普遍低 10%，因病假或其他工伤事故导致减少的工作日是后者的 4.5 倍。美国近期发现，因文明病或过早死亡的职工带来的经济损失逾 250 亿美元，这是美国 GNP 的 3%，需要 1.3%的工作日才能挽回。可见，全民健身对劳动者身体素质的增强与健康水平的提升有重要作用，对提高生产

效率、减少经济损失也有重大意义。正如卡特所说，推广群众体育是一种具备最大效益的有效投资。

其次，全民健身的推广会让体育产业更快速地发展，更适应我国现在经济体制改革。推行全民健身，就是按市场经济的规律办事，主动和市场经济“接轨”，主动和经济协调发展。故而，全民健身更广泛的推行，能够让人们更积极地参与体育运动，从而使人们的物质与精神水平都随之提高，也会改变人们对体育运动的看法和行为取向，变得更加重视体育运动，真正体会到它的健身与娱乐价值，从而更积极地参与进体育锻炼中来，通过体育投资来获取强健体魄、消除身心的疲劳、丰富闲暇时间。通过体育锻炼的推广与群众的广泛参与，文化消费的规模与占比都会不断提升，从而改善消费结构。随着体育产品受众的增加，体育产品的生产与消费规模都会大幅增长，体育及与之相关的产业都会得到快速发展的机会。

再次，全民健身有助于培养民族精神、提升道德品质。全民健身是所有群众共同参与的活动，在体育锻炼过程中，人与人及社会都会产生更多的接触与交流，而人本身在运动过程中就需要不断克服自身的疲惫感与外界的各种压力。体育锻炼这一特殊教育可以培养人们热爱祖国的民族精神，并在共同运动、协作与竞争的过程中更加团结互助，更加具备集体主义观念，更文明守法，在竞争过程中能够帮助人形成奋勇直追、不甘落后的进取精神与竞争意识，让人更勇敢、坚毅、果断。

最后，全民健身能够充实业余生活、增强人与人之间的交流与友谊，让人们的业余消遣活动更科学、健康。全民健身，顾名思义，就是全体人民都会参与的体育活动，参与人数和涉及面都很广，具有极高的影响力和更快的传播速度。在体育活动中，参与的人不限年纪、性别、民族与阶级，任何人都能平等地参与进来。这在促进人们之间感情与技艺的交流、增强人们凝聚力与团结度的同时，也让人们的业余生活变得更加健康，不再只是沉迷于网络、拘泥于室内，体育让人们主动走向室外，在进行体育锻炼、挥洒汗水的过程中释放压力、调节心情、锻炼身体、交流感情，业余时间得到了更充分、科学的利用，在一定程度上避免了潜在的消极娱乐方式滋生的可能性，也为维护社会秩序、形成良好社会风气创造了条件。

## 五、充分发挥全民健身的实质作用

全民健身的主要受益人是全民，也就是广大群众，以人民为主要受益人群，就要以人民群众可以得到的利益为基准点进行衡量。中国共产党所做的一切工作，其根本目的都是让国民可以得到更多的利益，人民得到的利益是否符合他们应得的标准，从侧面反映着我党的政治能力。全民健身从前两个字来看就是一项完完全全为民而施的政策，它深刻展现了党和国家对全国人民的关怀和重视，由此可见，全民健身的根本意义就是让国民享受到他们在体质上应得的利益。

近些年来，我国与体育相关的事业取得了飞跃性的进步。早期和中期的领导人对我国的体育事业都非常重视，制定了相当数量的法规，举办了适量的体育活动，这些对于我国现在的体育事业发展来说意义匪浅。在党的领导下，我国的体育事业发展不断壮大。而全民健身是群众性的体育运动，可以增强国民的身体素质，我国开展全民体育运动的根本目的正是在此。新时代，随着我国经济的发展和人民生活水平的提高，我国国民不再只追求物质满足，他们对全民健身的参与感越来越强，加入到全民健身中的人越来越多，因此体育运动的花样也越来越多，趣味性的增加再次吸引新人的加入，这是一个良性循环。同时，为了能早日全面建成小康社会，国民的身体素质显得十分重要，毕竟没有好的身体就没有享受其他权益的机会，健康是一切的资本。全民健身渐渐变成一项人人可以参与的社会性活动，它可以增强国民体质，而国民的强健体魄是国家各方面发展的基础，因此要积极推进全民健身的发展。

发扬全民健身精神，发展全民健身事业是我国稳定发展的必然前提，要满足不同民族、不同阶级、不同地区人民日益增长的对体育健身的需求，因而要贯彻落实国家政策、按照全民健身计划发展全民健身事业。国家支持全民健身事业发展主要表现在以下几个方面：

一是改变劳动人民身体素质，减少疾病的发生。国民经济发展和提高综合国力都离不开人民，开展全民健身运动能够提高人们的身体素质，同时能够丰富人们的日常生活，以保持好的精神状态，减少职业病等疾病的发生，从而提高人们的生活质量。

二是使我国公民体育健身事业得到法律保障。我国法律规定“中国提倡运动健身事业的开展，广泛举行群众性的运动项目，提高人们的身体素质”，开展全民健身运动就是国家给予支持，使我国公民享有健身运动的权利，为人民体育健身创造环境，并且及时引入新的体育健身项目来保持人们对体育健身的积极性，使更多人参与到全民健身事业中来。

三是培育我国比赛竞技人才。全民健身和国家体育竞技两者不可分割。全民健身运动的特点是锻炼内容相对丰富，锻炼强度较低，参与人数较多。因此在进行全民健身的同时可以发现具有竞技体育天赋的人才，从而培养成国家竞技体育人才。我国的竞技体育在世界范围内参加比赛获得优异的成绩能够在很大程度上推动全民健身事业的发展。两者相辅相成，才能完成增强人们身体素质的终极目标。

四是建设精神文明社会。体育运动是积极向上、具有挑战性的一门艺术。加强全民健身事业不仅可以提高人们的身体素质，还能使人们精神饱满，锻炼人们的意志力，从而提高克服困难的能力，用更积极乐观的心态面对生活，从而大量减少社会上酗酒、犯罪等不良的现象，从而维护社会稳定，打造一个积极向上的社会氛围。

五是建设物质文明社会。拥有好的身体素质是进行国家建设的基本条件，我国是人口大国，所以加强体育健身运动对我国建设物质文明社会有很大的帮助。我国可以看到，参与到健身运动的人数增多，运动的种类更加丰富，人们对相应健身器材的购买数量就会增加，游泳、跆拳道、太极、武术等较为专业的运动项目的培训课程购买也会有所增加，从而使我国文化消费比例增加，这在改善我国的投资消费比例的同时，也带动了经济的发展，为打造物质文明社会做出了应有的贡献。

# 第四章　新时代我国全民健身机制改革创新

## 第一节　新时代我国学校体育改革创新路径

### 一、树立“健康第一”的教育指导思想

“健康第一”是学校教育的指导思想。学生的健康问题很大程度上在于学校教育对学生过高的期望和过严的要求，为了获得高分和升学的可能，学生也不惜以牺牲自己的健康为代价，这也就导致了目前在校学生普遍存在的身体活动能力、心理承受能力和社会适应能力较差的状况。因此，学校教育必须与素质教育相结合，从深化学校教育改革的全局出发，以切实减轻学生负担为突破口，从根本上扭转重智轻体的教学现状，使学生获得自主发展的时间和空间。通过生动活泼的课堂教学和丰富多彩的课余生活，学生身体、心理和社会适应能力得到和谐健康的发展。同时，学校教育也应积极发挥在家庭教育和社会教育中的主导作用，帮助学生家长和社会用人单位树立正确的成才观和人才观，形成对学生合理的认识和期望，从而为学生的健康发展营造良好的外部环境。

学校教育的整体改革为学校体育的发展提供了必要的条件，学校体育也须在“健康第一”思想的指导下进行认真的反思。要促进学生的健康，首先，必须重新认识和调整体育和人发展之间的手段和目的关系，尽快走出与健康发展不协调的四大教学误区：体育教学内容的竞技化、体育教学过程的技术化、体育教学组织的一体化和体育教学目标的达标化。其次，学校体育要树立健康新观念，正确认识身体健康、心理健康和社会适应能力三者之间的关系。健康不仅仅是没有疾病，更是身体上、心理上和社会适应上的完好状态。因此，体育教育教学活动在突出以生理机能为特征的身体健康过程中，应尽可能地把以精神情感为特征的心理健康和社会适应能力融为一体。最后，将短期效益和长远利益相结

合。人的健康发展是一个长期的过程，学校体育必须为人健康的可持续发展奠定良好的基础，从而实现学校体育的可持续发展。体育教师必须树立终身体育的意识，在增强学生体质的同时，将健身知识的传授、兴趣的激发和习惯的养成融为一体，以期培养学生终身从事体育锻炼的能力。

## 二、更新学校体育课程内容

最新的中小学《体育与健康》课程标准和教材，都以“健康第一”为指导思想，用全新的教育理念，构建起了体育教学的基本框架。这些教育理念主要体现在：三维的健康观念，重视激发和保持学生的运动兴趣，关注学生主体地位，承认学生的个体差异和不同需求，注意学生的能力培养等。这无异于是对以运动技术为主线的传统体育学科体系的一次重大突破。由于考虑到地区、教师和学生的差异，课程标准没有对具体教学内容做出严格的规定，这就要求教师充分发挥主导作用。在选择教学内容时，教师应注意以下问题。

### （一）重新认识和确定“三基”教学

“三基”教学（即体育基础知识、基础技术和基础技能）对提高体育教学质量曾经起到积极的作用。尽管目前有的学者因反对以运动技术为中心的教学，进而否定“三基”的教学，但是大多数学者对“三基”教学持肯定的态度。否认了“三基”教学，终身体育就成了一句空话。只是对于“三基”的定位和具体内容要走出技术目标论的樊篱，还需要从终身体育的角度重新认识和确定。

从学生走向社会后一生的体育生活需要来看，要求学生具有全面的体育素质，这包括正确的体育价值观念、广博的体育文化素养、良好的运动情绪体验和科学的健身方法技能等。因此，体育的基本知识不应该仅仅是运动技术的理论介绍，而应该将该运动技术的人文性融入其中；基本的技术和技能也不能仅从大纲的规定或者难易程度考虑，还要从学生的兴趣和需要出发进行选择。有学者对此提出了五条依据：一是要考虑教材的典型性；二是要考虑教材的基础性；三是要考虑教材的文化性；四是要考虑教材的实用性；五是要考虑教材的可行性。

### （二）正确对待竞技体育运动项目

竞技体育与学校体育有很大的差异，前者追求高度的技巧性、体能的极限性，训练过程的专业化、系统性，有较强的功利性和商业性；而后者在于促进人的全面发展和健康成长。但是，两者也有共同点，那就是通过参与竞技运动项目，培养学生坚强的意志力、规则意识和民主精神、竞争和合作的意识及能力等现代人特有的素质。因此，教师不能一味地排斥竞技运动项目，而应该有意识地积极引进和加以改造。关于改造竞技运动项目，即竞技运动的教材化在学术界讨论较为激烈，实践中体育教师在这方面的个体经验也很丰富。比如，简化比赛规则，改变器材的竞技化和成人化，增强活动的趣味性和生活化等。教师可以从中得到启发，进而根据学生的年龄特点和地域特色等具体情况对竞技运动项目进行创造性的利用和改造。

### （三）注重教学内容的健康性与时代性

学校体育的根本目的在于增强学生体质，促进学生身心健康。因此，一切对学生健康有利的教学内容都可以纳入选择的范围之内。相反，对于那些虽然编入了教材，但对学生身心健康没有特别帮助的教学内容，或者一些难度较大、极其复杂的动作，也完全可以不作为选择的内容。

随着社会的发展，体育功能日益丰富，它已经从单纯的强身健体扩大到以强身健体为基础，追求体育所能带给人的审美、娱乐、休闲、交往等多种功能。因此，教师在选择教学内容的时候，要考虑活动是否具备多方面的功能，以满足学生不同的需要。以健身操为例，与传统枯燥的体操动作比较，它在发展学生身体素质的同时，更能带给学生美的享受、娱乐的体验和交往的满足。因此，它成了学生喜闻乐见的运动项目之一。体育教师就应该把握住体育的时代发展趋势，主动选择或创造出适合学生的内容，从而增强学生学习和锻炼的热情，满足其多方面的需求。

## 三、深化学校体育教学改革

体育教学的成功与否，很大程度上也取决于教师对体育课程的理解，取决于他们对学生特点的认识和对教学规律的把握。体育教学改革的一个中心思想在于，改变传统以技术传授为目的、以教师为中心、以学生达标为结果的教学方式，建立以促进学生健康为目的，充分尊重和激发学生学习的主体精神，使学生完成“要我学”到“我要学”的重大转变，并且使学生学会学习和锻炼，从而为学生终身体育打下良好基础的新教学模式。教育思想的变革必然引起和要求教学方法、教学组织形式和教学评价的变革。

### （一）体育教学方法的变革

体育教学中普遍存在着教不会、教不悦的现象，这与体育教学内容多、学生人数多、时间少、场地器材不足等客观因素不无关系。但是，这与体育教师教学方法的恰当与否有着更为直接的关系。体育教学作为教育活动与运动训练有很大的区别，前者以促进学生的发展为目的，涉及学生个性的培养、创造力的培养、人格心理的完善等，后者更多的是关心运动竞技能力，因此教师绝不能将体育教学等同于运动训练。所以，在重视掌握运动技能规律的同时，教师更应该关注学生的发展，关注学生在运动中获得愉快的情绪体验。

在实践中，许多体育教师也获得了教法改革的成功。比如，对于传统篮球教学，有教师一反以往先教基本技术再学习简单战术的教学方法，而从“体验篮球活动”入手，直接运用游戏和比赛的形式，让学生进入学习，在游戏和比赛的过程中寻找到成功的关键和乐趣，从而带动基本技术的学习。学生不仅学会了如何参与篮球活动，更为重要的是学会了学习，并且体验到了篮球运动的乐趣，这与传统篮球教学是不同的。

### （二）体育教学组织形式的变革

我国体育教学组织形式强调统一、严密，虽然有利于教师控制整个教学过程，但是却不利于学生的发展。学生个体差异客观存在，在体育素质方面表现得更为明显，有些先天因素，是后天难以改变的。所以，不同的学生按照相同的步调进行学习，其结果是可想而知的。更何况运动项目之间的差异是很大的，不同学生学习兴趣不同，学生学不会或者学不悦就在情理之中了。

为了使体育教学适合每一个学生，尽可能促进每一个学生最大限度地发展，个性化的教学组织形式是十分必要的。当然，这要依据各地的实际情况而定。一些体育硬件条件比较好、师资数量充足的学校，可以采取打破行政分班的方式，按能力、兴趣或性别进行分班；对于一些条件相对薄弱、师资数量偏少的地区，特别是部分农村和贫困地区，也可以在行政分班的基础上，按性别、兴趣、能力的差异等进行合理分组，分别给予学生不同的指导和帮助。对于目前教学改革出现频率较高的“小组合作学习”（即以异质小组为基本组织形式，以小组成员合作性活动为主体，小组目标达成为标准，以小组总体成绩为评价和奖励依据）这一具有现代意义的教学组织形式应给予关注和借鉴。

### （三）体育教学评价的变革

教学评价既是对教与学质量的检查与评价，也是对学生学习的一种导向和激励机制。以往对学生体育学习的评价存在着诸多问题：评价内容局限于体能和运动技能的评定，评价方法主要以绝对性评价、总结性评价为主，评价工具局限于笔试、体能和运动技能测试，评价主体以教师为主等。这些很大程度上忽视了学生多方面发展的需要和可能，忽视了学生的个体差异以及学生学习的主体地位。因此，教学评价改革应该在原有的基础上强调和突出教学的导向和激励功能。

1. 评价内容的多维度

教师不仅要重视体能和运动技能，同时也要重视学生通过运动所获得的个性心理品质和社会适应能力的发展。

2. 评价方法的多样性

强调绝对评价和相对评价相结合，总结性评价和形成性评价相结合。相对性评价的出发点是根据每一个学生的实际进步情况进行考评。形成性评价是通过各种评价手段为学生的学习提供及时的反馈，以帮助教师和学生尽早发现问题、解决问题。两者的结合可以使学生既看到与目标的差距，也获得足够的信心，在不断学习与改进中取得进步。

3. 评价主体的多元性

教师除了根据一定的标准给予学生公正的评价之外，还要重视学生的自我评价和同学之间的相互评价，充分发挥学生学习的主人翁意识。学生的自我评价和同伴互评不仅可以确保教师评价的客观性，还可以让学生在评价的过程中加深了对评价标准的理解和认识，为今后自我锻炼、自我监控和评价奠定了良好的基础。

## 四、优化学生课余体育锻炼活动

与体育教学强调统一性、严密性不同，课余体育锻炼以其自主性、灵活性、开放性等特征吸引着学生的参与，学生在轻松愉快的氛围中学习和巩固体育基本知识、技术和技能，培养优良的品质，发展自己的个性。课余体育锻炼是学校体育教学的延续和补充，学校必须重视课余体育锻炼活动的开展。

### （一）提高师生对课余体育锻炼活动的认识

课余体育锻炼是学校实施素质教育的重要途径，学校领导和教师应深刻认识课余体育锻炼的积极意义。

1. 增强学生体质

实践证明，单靠一周两节体育课是无法完成增强学生体质的任务的。要切实地实现学生体质的增强，必须重视学生的课余体育锻炼，确保学生每天锻炼一小时。

2. 培养学生终身体育的习惯和能力

学校体育要实现可持续发展，必须培养学生的参与意识、自我锻炼的能力和习惯。通过开展形式多样的课余体育锻炼活动可以吸引更多的学生投身体育锻炼，在自我锻炼的过程中学生主动运用所学的运动技能和健身方法指导自己，这能为学生形成“终身体育”的观点奠定很好的基础。

3. 促进学生的社会适应性

学生社会化反映着学生与未来社会的一种关系，是指学生通过学习与内化社会文化而胜任社会所期待的角色的过程。学校课余体育锻炼多以小型竞赛活动的方式开展，由于竞赛活动具有比赛结果的不确定性和公正性、小组成员的协作性和比赛双方的对抗性等特点，对于培养参与者对环境的应变能力、积极的进取精神、集体意识和规则意识都具有重要作用，有助于学生适应竞争激烈、复杂多变的现代社会。

4. 发展学生个性

学生的个性化侧重于学生“独特性”的形成，包括能力、特长、自主性、主动性、创造性等方面的发展。课余体育锻炼与体育课相比较，无论对活动的内容还是形式，学生都拥有更大的自主选择权。在这样的活动中，学生不仅能够深化课堂教学内容，还可以获得更为广博的知识和技能，培养具有鲜明个性的运动兴趣和爱好。同时学生可以体验到更多的成功的喜悦，在不断完善自我的过程中，动机、自我意识等一系列个性心理品质得以健康发展。

### （二）保障课余体育锻炼活动的实效性

课余体育锻炼可以分为两类：一类是与作息制度相结合的并有一定组织和要求的活动，比如早操、课间操、班级或全校性的课外体育活动；另一类是学生利用课余时间，独立或结组在校内或校外进行的自发性体育锻炼活动。从两类活动的现状看，前一类活动的实施情况不尽如人意，学生缺乏兴趣，活动流于形式；后一类活动往往被忽视。这样一来，学生普遍缺乏体育锻炼的时间。

在开展课余体育活动时，保障每一次活动的实效性显得十分必要。目前，在全国范围内推广实施的大课间操模式就是一种有效的尝试，各种体育教育类的报纸杂志都有成功经验的报道。与传统课间操相比，大课间操模式时间长（平均 30 分钟）、内容丰富、组织形式灵活、练习强度适宜，受到学生的普遍欢迎。

### （三）确保课余体育锻炼活动的有效组织管理和指导

课外体育锻炼多属于学生的自发行为，但对学校来说，却不能够放任自流。如何针对学生课余锻炼的特点进行有效的组织管理和指导是学校和体育教师应当共同关心的问题。

目前，国外（主要是欧美和日本等国）学校课余体育的管理模式——学校体育俱乐部，不失为很好的范例，我国的部分高校和高中也开始实施，已有初步效果。学校体育俱乐部是以单项体育组织为基础，强调学生的自主参与和自我管理能力，教师起协调和指导作用。学校体育俱乐部同我国以班级为单位组织体育锻炼相比有以下优点：①促进学习由被动向主动转变；②学生行为角色不断变化；③团体环境优化；④师生对应关系变化；⑤学生爱好和个性得到发展；⑥学生运动行为能力得到提高；⑦终身体育观念容易形成。就目前情况而言，我国课余体育要实现从班级体育锻炼向体育俱乐部转变就要创设一定的前提，如学生的课业负担要减轻，学校的体育设施和场地条件要改善，教师和学生的认识能力要提高等。

## 五、提高体育教师队伍素质

建立高质量的体育教师队伍是学校体育实施素质教育的关键，教师要热爱党，热爱社会主义祖国，忠诚于人民的教育事业；要树立正确的教育观、质量观和人才观，增强实施素质教育的自觉性；要不断提高思想政治素质和业务素质，教书育人，为人师表，敬业爱生；要有宽广厚实的业务知识和终身学习的自觉性，掌握必要的现代教育技术手段；要遵循教育规律，积极参与教学科研，在工作中勇于探索创新；要与学生平等相处，尊重学生人格，因材施教，保护学生的合法权益。对此，学校必须采取有效措施，大力提高教师素质。

### （一）加强我国体育教育专业的改革

我国高校中的体育教育专业是培养体育师资的重要阵地，但从调查结果可以看到，该专业的学生存在着诸多不尽如人意之处，集中表现在专业思想不稳固、知识面狭窄、教育教学创新能力和实践能力薄弱等。这与体育教育专业的课程设置和教学有着直接的联系。课程设置多注重专业课程，忽视基础课程；专业课程多重视运动技术、技能的学习和提高，忽视相关理论学习和方法的掌握；学生练习时数多，理论学习时数和门类少；学生教学实习时间短，缺乏必要的组织管理，使教学实习流于形式等。尽管目前课程改革有一些进展，但是效果不太明显，这势必影响着体育教师专业素养的提高。

针对目前体育教育专业存在的一系列问题和素质教育对未来体育教师提出的新要求，有两个方面必须引起足够的重视：第一，突出体育教育专业的师范性特点。培养体育教师不同于训练运动员，在课程设置和教学过程中不必一味地追求学生运动技术、技能的提高，更应该重视运动技术的理论学习和各种方法的掌握，并且要做到理论联系实际，在实践中深化认识，掌握方法。同时，要充分重视教育类课程以及专业课程与教育类课程两者的结合。第二，加强体育与健康教育的融合，培养综合型教师。体育与健康教育相结合已是学校体育未来的发展趋势。学校“体育课”更名为“体育与健康课”，绝不仅仅是称谓的简单变化，而有更为深刻的含义。

### （二）重视体育教师的继续教育培训

继续教育是提高教师素质的重要途径。开展以培训全体教师为目标、骨干教师为重点的继续教育，能使中小学教师的整体素质得到明显提高。近年来，教育行政部门重视青年骨干体育教师的培训，举办了各级、各类学校体育骨干教师培训班，制定颁布了体育教师继续教育的有关制度和规定，并推行继续教育证书制度。但目前体育教师继续教育也还存在诸多问题，如以学历达标为目的的学历教育；培训的方式多样，但缺乏严格的考试制度和行之有效的管理措施；课程设置没有突出在职教师的特点，教材内容与在校时学过的内容重复；办学单位过多重视经济效益，忽视教育效益和社会效益；等等。这在很大程度上影响了学员的学习积极性，使继续教育的实际与目的相去甚远。

为了促进继续教育的健康发展，我国必须尽快解决相关问题：①在学历补偿教育的基础上加强以更新知识、更新观念、更新教育技术为中心任务的非学历教育；②提高继续教育的质量，针对在职教师的特点和不同层次教师的需要，进行课程、教材、教法和考核制度改革；③规范办学单位及制度，把继续教育仅仅当作有偿服务和开展创收的重要渠道转变为把发展各类学校继续教育作为学校办学的主导方向。

### （三）引导教师参与学校体育科研课题活动

实践证实，科研兴校不仅能提高学校教育教学质量，同时也能提高教师队伍的素质。一大批中青年骨干教师、优秀教师就是与科研课题的开展同步成长起来的。目前，与其他学科教育科研相比，体育教育科研显得十分薄弱。这有科研起步晚、经费少等客观原因，也有教师自身精力缺乏、科研意识淡薄、科研能力不足等主观原因。

引导教师有效参与体育教育科研应注意：①要结合各种类型的教师培养和培训，大力提高教师科研的能力和水平；②要加强高校体育院系、体育科研机构和中小学体育教师的合作，充分发挥各自的优势，围绕学校体育，特别是在实施素质教育的难点和热点问题上进行深入研究和思考；③各级领导要充分重视和支持学校体育的科研工作，在制订教育教学计划时，要为学校体育科研留有一席之地，在选题、经费的使用、人员的配置上要给予教师实实在在的支持和帮助。

## 第二节　新时代我国农村体育发展机制革新策略

我国是一个农业人口占多数的国家，由于居住分散，农村体育的重点应放在乡镇，农村体育选择发展重点，是我国农村体育发展经验的总结，是由乡镇在农村经济和社会发展中的地位和作用决定的。

农村体育工作面临着新的发展机遇。农民生活水平的提高将刺激农村的体育需求增大。随着农村经济的发展，广大农民的生活水平有了显著的改变和提高，最显著的标志就是农民收入较以往有了较大幅度的增加，全国的农民基本过上了温饱有余的生活，而且消费结构发生了变化，整体已经迈进小康生活，这得益于农业科技进步战略的实施，农业生产效率普遍提高，农民的闲暇时间也较以前有了较大的增多，这使得农民在财力和时间上具备了追求物质消费和文化娱乐活动的前提条件，农民更加注重身体健康，对体育活动的需求急剧增长。这就要求农村体育工作必须切实起到丰富广大农民业余文化生活的作用，这是中国农村社会发展的一个重要趋势。伴随这个趋势，城乡差别将进一步缩小，城镇公共设施建设标准将不断提高。新兴小城镇的体育工作要与其他各项工作协调发展，体育设施和体育组织网络的规划和建设要及时跟上，使城镇居民有良好的体育锻炼的条件和环境。

### 一、革新农村体育管理方式

中国农村改革和发展的实践证明，农村社会主义精神文明建设必须高度重视、统筹兼顾、责任明确、分级管理。农村体育的发展也必须适应农村改革和发展的需要，从管理方式上进行新的探索。

第一，县级政府要依法治体、统筹安排。政府行为是国家行为，代表着政府的形象与国家的声誉。县级以上人民政府应当将体育事业经费、体育基本建设资金列入本级财政预算和基本建设投资计划，并随着国民经济发展逐步增加对体育事业的投入。要从战略高度认识农村体育工作的重要性，把农村体育作为农村社会主义精神文明建设的重要方面和展现社会风貌的窗口，把全民健身活动作为提高国民素质的一项重要内容，并纳入政府工作序列，逐步使体育成为亿万农民生活中不可缺少的部分，积极引导和组织农民形成健康、科学、文明的生活方式；将农村体育工作列入议事日程，建立和完善相应的规章制度，统筹规划，合理布置，从制度上保证农村体育工作的落实，把开展体育工作的情况逐步作为考核各级政府工作业绩的一项指标。

第二，县级体育行政部门要以农民体育协会为抓手，注意发挥各级农民体育协会的重要作用。实践证明，县级体育行政部门组织的农民体育活动，由于农民体育协会配合，其效果往往大于单纯的行政组织。同时，也使体育行政部门从许多日常工作中摆脱出来，体育由“一家办，多家看”变为“一家牵头，多家参与”。农民体育协会的积极性被发动起来，可突出其“业余、自愿、小型、多样”的特点。

第三，乡镇要建立健全文化体育站。县级机构改革前，乡镇没有体委的“腿”，乡镇没有相应的体育机构，体育活动成了可有可无、无足轻重的事。机构合并后，县文化体育行政部门赋予乡镇文化站管理体育的职能，有的改称文化体育站，原来的文化专干改称文体专干。乡镇文化体育站的建立可以有效解决县级体育工作“有头无尾”的现象，使县级全民健身活动的组织体系进一步完善。乡镇文体站的建立为村级体育活动的开展创造了条件。特别是与农村联系最为紧密的乡镇干部中要有专人分管这项体育工作，做到工作有计划，锻炼有场地，活动有组织。

第四，农民体育协会要培养体育骨干。近些年一些地方的实践证明，农村体育和农村其他工作一样，只要选好带头人，农民就会积极响应，大力支持。乡镇要注意发现和培养体育积极分子，以他们为骨干，把农民组织起来，使更多的农民参与到体育活动中去。

## 二、探索农村体育运行新机制

农村体育的运行机制是开展农村体育活动的组织程序。国家体育总局根据多年来总结的农村体育活动的经验，对农村体育工作进行大胆探索，发挥各级组织的作用，充分调动农民的体育积极性，吸引更多的农民参与全民健身活动，建立城关镇、镇、乡三级运行网络，以城关镇为龙头，镇为中心，乡为基础，向村辐射。

第一，充分发挥各级行政组织的主渠道作用。国家体育行政部门对县级体育工作十分重视，制定了创建体育先进县的若干规定，又专门下发了相关文件对县级体育工作面临的形势、任务、机构以及各方面体育工作进行了详尽的安排，推动了县级体育工作的开展。无论机构改革与否，其体育事业基本上是人员未散，经费未减，场馆未少，活动未断，这为进一步开展全民健身活动奠定了良好的基础。在全民健身活动的实践过程中，针对农村的实际状况，应采取“一个为主，四个依靠”的政策，即以政府行为为主，依靠各部门，依靠基层，依靠各协会，依靠企业和个人资助，推动健身活动的逐步开展。

第二，加快建立和完善农村体育组织网络。开展农村体育活动，必须首先建立健全农村体育组织网络，充分发挥农民体育协会、农民体育俱乐部、体育辅导站等基层体育组织的作用。特别是要以乡镇文化站为中心，发挥其阵地作用，以农村体育积极分子（复员退伍军人，高、初中毕业回乡青年）为骨干力量，推动农村体育的发展。

第三，处理好行政组织和农民体育协会的互补作用。体育行政部门是政府管理体育工作的机构。县级体育行政部门不论是单设或是合并办公，都承担着发展农村体育的任务，都要对农村体育进行管理、组织和投入。县级体育行政部门的工作代表着政府对农村体育的认识程度，反映对广大农民的关心和爱护，也体现对“三农”的重视。农民体育协会由于其组织的自发性、业余性，有相当的积极性和号召力。县级体育行政部门在组织农村体育活动时，要充分尊重农民体育协会的意见，放手让他们去组织，调动他们开展体育活动的积极性。农民体育协会要主动争取县级体育行政部门的指导，把协会的活动纳入统一规划，使体育活动更具有影响力和号召力。

## 三、优化农村体育运作方法

农村体育涉及地方政府、体育协会、体育主管部门、社会力量和农民自身，在发展农村体育中，他们为着同一目标，分别扮演着不同的角色。只有每一个角色都发挥优势，形成推动发展的合力，才能促进农村体育的进一步发展。在具体的实施过程中，应注意以下四点：

第一，因地制宜。从某种意义上讲，没有农民体育也就没有全民健身。在国家体育总局和农业农村部、中国农民体协的积极配合下，农民健身活动已连续开展了几十年，积累了丰富的经验，取得了显著的成绩。今后要在此基础上，下大力气，进一步加强合作，抓出新的成效来，使经常参加体育健身活动的农民人数逐年增加；要结合农村实际，探索适合农民特点的体育活动方式，提高农民参与体育活动的比例。农村体育与其他各类人群的体育不同，要照顾农民的生产生活特点，因时、因地、因人、因项目制宜地开展农村体育工作。因时就是要区别农忙和农闲、冬春和秋夏等不同季节，多在农闲和冬春以及春节期间开展体育活动。因地就是要考虑南方和北方、平原和山区不同的自然条件。因人就是开展适合不同年龄、不同性别、不同民族特点的体育活动。因项目就是把农民传统体育项目与现代体育项目结合起来，只要农民有积极性、有兴趣，就要鼓励和支持。

第二，分类指导。我国地区差异较大，农村经济发展不平衡，开展农村体育可以采取不同的对策。富裕地区如长江三角洲、珠江三角洲等地区要通过发展体育市场，鼓励农民自己投资，开展体育活动，走体育社会化、产业化道路；贫困地区要根据当地实际，以政府为主导，通过开展体育活动，帮助农民改变传统观念，立志、立教，促进扶贫、开发；对西部地区要加大支持力度。

第三，利用节日。农村聚会一般选择在节日，要利用节日人群聚集的机会，开展群众体育活动。各地在元旦、春节、国庆期间都要开展文化体育活动，举行拔河、篮球、乒乓球等比赛。少数民族地区还要有民族特色的比赛项目。特别是春节假期时间较长，民众聚会机会增多，安排好春节度假，过好喜庆文明的节日，也是各级地方政府的责任。近年来，各地都把体育活动作为春节度假的一种重要形式，使春节活动更加丰富多彩，起到了寓健身于乐的作用。农村基层体育活动，尤其是仪式性的民间体育活动，是农村基层文化的龙头，是民族文化的平台和民族文化的传承场。在民间，仪式性的体育活动总是牵动其他的民族文化活动共同开展，往往形成独特的节庆氛围。

第四，改善条件。切实改善农村体育设施条件，保证在场地、经费等方面对农村发展体育的投入，进一步开展好农村体育先进县和体育先进乡镇的评选，以先进带动后进，不断提高体育设施的标准。做好农村乡镇的全民健身路径的建设，各级政府要加大对建设农村体育设施的支持力度，把体育设施建设统一纳入城镇建设规划中去。新兴城镇的体育设施建设必须与城镇总体建设相配套。随着市场经济的发展、政府财力的增加，政府应当相应地增加在修建体育设施上的投入。随着我国体育社会化、产业化的发展，体育经费来源渠道的增加，政府财政的投入在体育运动设施建设总投入中所占比例可能减少，但投入的绝对数应当随着物价的上涨和财政收入的增加而逐年递增。这是因为体育是一项社会公益事业，在贫困地区更为重要。

## 第三节 新时代我国社区体育创新发展研究

社区体育实践，特别是近些年社区体育所取得的一系列成绩充分说明社区体育已成为关系到全民健身活动发展全局的重要工作，直接影响全民健身活动的总体进程，在满足人们日益增长的体育需要、推动体育社会化、实现《全民健身计划纲要》的战略目标等方面有着举足轻重的地位和作用。加强社区体育活动，构建社区体育服务新体系，真心诚意为社区居民服务，已经成为新时期对全民健身工作的新要求。

社区体育服务是社区体育工作的主要内容，是社区体育工作的中心，是评价社区体育工作的核心指标，是体现其社会价值的主要途径。近年来，社区体育事业发展较快，取得了许多鼓舞人心的成绩，对全民健身活动的发展起到了积极的推动作用。但是，由于历史的原因，我国社区工作起步晚，社区建设时间短，目前仍然处在“亚社区”向现代社区的过渡阶段，社区服务仍然处在初级阶段或起步阶段。我国社区体育尚缺乏稳定成熟的理论体系的支撑，实践中也难以形成稳定的、制度化的格局。无论是社区服务的理论体系还是实践格局，都具有过渡期的特征。因此，在经济体制改革和社会结构变迁的双重转型时期，认真研究社区体育理论，深入探讨建立适应社区发展趋势的社区体育服务体系，对于推动全民健身活动的发展、顺利完成全民健身计划第二期工程的各项任务、实现社区体育的最终目标有着重要的现实意义。

## 一、我国社区体育发展的动因与意义

### （一）我国社区体育发展的动因分析

1. 体制改革推动社区体育的大发展

管理体制改革使政府职能转变为统筹规划、政策引导、组织协调、提供服务、调查研究，充分利用行政、法律、经济等手段，建立多种多样的调控机制。这种由微观管理向宏观调控的转变，权力下放，充分发挥社会办体育的积极性，使社区社会自治管理成为可能，从而推动了社区体育组织的产生。经济体制改革是从以政治利益为主的运作机制向以满足需求为主的运作机制转化。这种由计划经济向市场经济的转变使社会服务成为社会生活的重要方式，从而促进了社区体育服务的全面发展。

随着改革开放和经济的发展，社会成员固定地从属于一定社会组织的管理体制已被打破，单位体制逐渐衰落，促使全方面依赖工作单位生活的“单位人”向“社会人”转变。越来越多的人不再完全靠单位来解决生活需求问题，社区越来越成为人们的主要活动基地。国有企业深化改革、转换经营机制，政府机构改革、转变职能，企业剥离的社会职能和政府转移出来的服务职能，大部分需要城市社区来承接。

除此之外，经济类型的多元化以及人口的老龄化，促使游离于单位以外的居民不断增多。他们体质的提高和健康管理更加依赖于社区体育的开展，这样，客观上就要求社区进一步发展体育服务、加强健康管理、强化教育内容、完善培训功能，推动社区体育向纵深发展。

2. 生活方式与健康观念的变化

20世纪是人类文明发展史上的一个重要世纪，是科学技术大发展的世纪。现代科学技术改变着世界，改变着人们的生活空间，改变着人们的生活方式。这些变革给人类带来许许多多的便利和社会参与的机会，同时，也给人们的生活带来种种烦恼和危机，如大面积环境污染造成的生存条件恶化，营养素、低消耗的能量与物质代谢造成的体内物质积累，科学技术的不断发展使劳动强度降低，造成人们运动不足而产生体能“饥饿”，机械化、电气化、信息化文明造成的人类生物结构和机能的退化，节奏快、生活压力加大造成的千奇百怪的心理障碍等，“文明疾病”广泛蔓延，威胁着人们的健康生活。随着社会的发展，人们已逐渐认识到参加体育锻炼是防治“文明病”最积极、最有效、最方便的方法与手段，健康运动的观念日益深入人心。生活方式与健康观念的变化已成为社区成员参与社区体育活动的内在动力。社区居民对健康的追求，推动着社区体育的持续发展。

### （二）发展社区体育的现实意义

社区体育是社会公益事业的一部分，目的是解决本辖区居民健身娱乐等方面的问题，满足社区居民的体育需求。搞好社区体育服务对促进社区发展具有深远的意义。

1. 推动我国社会转型

随着改革开放和经济的发展，单位体制逐渐衰落，促进依赖工作单位生活的“单位人”向“社会人”转变。越来越多的人依靠市场和社区，而不再完全靠单位来解决生活需求问题，社区成为人们的主要活动阵地。随着生活方式与健康观念的变化，人们对体育的需求日益增长，健身娱乐已成为社区居民生活的组成部分。这些变化要求基层社区发挥体育整合、体育服务和体育管理的功能，建设和发展社区体育。

2. 提高人民生活质量

当前人们生活方式还存有一些不科学、不利于健康的习惯，导致人们在追求舒适的同时，正逐渐失去健康。社区通过推广科学健康的健身项目，组织丰富多彩的体育活动，提供优质周到的体育服务，让社区居民在参与社区体育活动中享受积极向上的文化娱乐生活，逐步养成良好的生活习惯，形成科学文明的生活方式，不断提高社区居民的生活质量。

3. 亲善人际关系

现代生活方式使邻居间关系逐渐疏远，这对社会稳定有一定的影响。社区体育是以自愿、自由、自主的形式开展活动，它以轻松愉快、平等自由的方式为社区成员提供社交场合。体育活动讲求民主、平等、公正、协作等精神，加上轻松愉快的活动方式，有利于成员间的人际交往。人们通过交往相互了解，通过协作产生信赖，促进亲密关系的形成。

除此之外，社区体育活动使参与者特别是青少年学习到体育的价值、道德规范和正确行为方式，并逐渐将其内化为正确的道德观，这不仅有利于形成适应社会的个性特点，也有利于社区居民间形成良好的人际关系。

4. 增强认同意识

对社区的关心和认同意识是促进社区繁荣与发展的基本条件。认同意识的建立，需要两个条件：一是共同的利益；二是归属感。社区成员为了自身健康参加社区体育活动，并在体育活动中逐步关注与体育活动有关的社区公共设施、绿化、公共卫生以及社区服务等问题，通过共同利益产生共鸣，并逐步交流取得一致意见，达成共识。这样多次反复，成员们的共同意识感就越来越强烈，最终会付诸共同的行动，表现出成员的凝聚力。

除此之外，社区体育活动的开展都是通过各类社区体育组织进行的，成员们参加社区体育组织，参与社区体育活动，并从中获益，因而加强了成员对组织和社区的归属感。这种强烈的归属感，使其感到有责任、有义务为社区发展贡献自己的力量。总之，社区体育活动可加强成员们的联系，融洽成员们的感情，促使社区成员更加关心社区发展，共同为社区的发展做贡献。

5. 完善社区服务

社区体育是社区服务的内容之一。社区体育的核心是满足社区居民的体育需求，社区体育服务是满足这种需求的主要途径。过去的社区服务主要集中在社区成员的饮食起居，随着体制改革和社区建设的发展，社区服务的范围不断扩大，教育、卫生、体育、治安等服务体系也相继建立。社区体育随着社区成员健康需求的不断增加而备受关注。近年来，社区体育在健身休闲服务方面也下了不少功夫，许多社区开设健身房、双休日学校、周末俱乐部、舞厅、活动中心等，组织各种趣味体育活动，满足了社区成员对休闲娱乐的需求。随着城市现代化发展和住房条件的改善，家中老人或孩子的孤独感很强烈，需通过一定的社交活动来改变，社区体育就是一种较好的社交活动。总之，社区体育的功能对满足社区成员生活需求有重要意义，对完善社区服务、方便居民生活、促进社区发展有积极的作用。

6. 推动全民健身活动发展

社区作为精神文明建设和全民健身计划实施的载体，对我国社会体制改革和体育事业发展有极为重要的意义。社区是社会发展和体育事业发展的基本点，社区建设是社会发展的重点。而作为社区建设重要组成部分的社区体育，理所当然地成为全民健身活动的主要途径。社区体育为全民健身工程提供了良好的环境，全民健身工程为社区体育创造了硬件，两项工作相辅相成，相得益彰。社区作为人们生活的基本点，是实施全民健身计划的“根据地”。社区体育使《全民健身计划纲要》的实施更加符合社会发展的需要，促进了体育社会化。

## 二、社区体育服务的内容与组织工作

发展社区体育的根本目的在于改善居民活动环境，倡导健康文明的生活方式，提高生活质量与社会生活价值。建立完善的社区体育服务体系是社区体育建设、管理和发展的中心任务与基础工作。积极构建以人为本的社区体育服务新体系和运行机制，是全民健身活动进社区、推动社区体育发展的关键。社区体育服务的基本内容是社区体育服务体系的重要组成部分。根据社区体育的基本任务，社区体育服务可归纳为：推广社区体育健身项目，开展丰富多彩的社区体育活动，为社区居民提供健身娱乐咨询等方面的服务。

### （一）社区体育服务的主要内容

1. 推广适宜在社区内开展的体育项目

推广适宜在社区内开展的各类体育项目，丰富社区居民的健身方式，是当前我国城镇社区体育服务的基本内容之一。体育运动发展至今，内容丰富，形式多样，其中不乏具有健身性、娱乐性、趣味性等的项目。但是，社区体育现状表明，我国城镇社区居民用于健身娱乐方面的体育运动项目较为单一，主要集中在拳、功、操、舞等项目，具有明显的非竞技化的韵律性、表演性、传统性和文体一体化的特点。为了尽快扭转这种局面，满足社区居民的不同需求，应在社区中大力推广行之有效的体育健身项目，丰富人们的活动内容和健身方式。

社区体育项目可分为竞技类健身项目、娱乐类健身项目和康复类健身项目三大类。竞技类健身项目可提高生理机能，娱乐类健身项目强调愉悦身心，康复类健身项目注重防病祛病。竞技项目是体育运动最精彩、最活跃、最具挑战性、最富生命力的运动形态。它们中的许多项目可直接用于社区居民的健身锻炼，如篮球、足球、排球、乒乓球、羽毛球、网球、游泳、自行车、武术、大众健美操、艺术体操和田径运动中的一些跑、跳项目等。有些竞技运动项目通过适当的改革也很适宜在社区体育活动中开展，如拳击、攀岩、武术中的对练、体操运动、技巧运动等。娱乐类健身项目是丰富文化生活，提高生活质量，形成愉快、和谐生活方式的有效手段。在城镇社区体育服务中应积极推广门球、体育舞蹈、有氧操、棋牌、游戏等健身项目，在有条件的社区还可积极推广保龄球、高尔夫球等健身、娱乐和社交于一体的高档健身项目。康复类健身项目可谓历史悠久，在我国城镇社区中有着较广泛的群众基础。目前，社区中最为常见的康复健身项目多为传统的拳、功、操等，而许多现代医学的康复健身项目推广还不够，如医疗体操、实用性体操等。

随着时代变迁和社会进步，人们的体育观、娱乐观和健身观会不断变化，社区体育项目也不可避免地会发生变化。把握变化趋势，对于社区体育项目的推广有积极的指导意义。日本学者真野认为，具有一定特点的运动项目才符合健身运动的发展趋势：①易于普及，连续性强，规则简单；②能根据自己的力量调节运动；③能在探索未知中获得乐趣，面对年轻人、高龄人均同样具有魅力；④注重提高体能，运动负荷适当。目前，人们不仅把体育作为利用余暇时间来丰富文化生活的手段，而且力图通过体育来实现自我价值，强调参与体育过程中的自律性、自主性和创造性，这种价值观的变化对未来社区健身运动的推广与发展必将产生重大影响。

2. 开展多样化的社区体育健身活动

采用多种方式，发动、引导、组织社区成员开展经常性的体育健身活动，是社区体育工作的主要任务之一。社区体育以经常性健身活动为主体，坚持业余、自愿、小型多样，遵循因地、因时、因人制宜和科学文明的原则。在开展各种体育健身活动中，要讲究科学，注意安全，重在参与；实现传统健身养生法与现代健身方式相结合、个人锻炼与集体活动相结合、健身娱乐与医疗保健相结合、健身活动与节假日活动相结合，广泛开展形式多样的体育活动，引导不同特点的人群参加喜闻乐见的体育活动；要关心和重视知识分子、老年人、幼儿和残疾人的体育活动，积极开展形式多样的竞赛活动，激发居民体育健身的积极性。竞赛活动以动员尽可能多的居民参加为基本出发点，办出特色，形成传统。社区体育组织应根据本地区实际情况，定期举办综合性体育竞赛活动和单项竞赛活动，要有目的地结合节假日组织体育竞赛、表演和社区内外的交流活动，利用寒暑假举办形式多样的中小学生单项体育竞赛、培训以及锻炼小组等活动。

开展健身活动应有很大的灵活性与适应性。正规的体育活动特别是竞技运动项目，都有严格的比赛规则，以确保竞争公平合理。但是，社区成员开展社区体育健身活动的主要目的是强身健体，提高居民参与社区体育活动的积极性，养成终身锻炼的习惯。练习的规范性和参与的公正性应满足实现社区健身活动主要目的的需要。开展社区健身活动应力求练习内容的全面性、项目选择的多样性，尽可能包括有氧运动、力量练习、柔韧练习等不同性质的健身活动，以求体质全面、均衡发展，可供练习者选择的锻炼项目应多样化，以满足练习者的不同兴趣爱好。开展健身活动应引导练习者循序渐进，切忌急于求成，技术动作应由简到繁，运动负荷应由小到大，锻炼前应进行热身运动，锻炼中应正确使用器材，锻炼后应进行整理活动。开展社区体育活动应注重娱乐与健身结合、日常活动与竞赛活动结合，坚持长期、系统的原则，有计划，有监测，有良好的生活习惯。在开展活动前对练习内容、运动负荷、练习时间、项目确定等都应有周密的计划安排，经过一段时间后还应进行必要的调整。组织者还可通过练习者的脉搏、血压、呼吸、睡眠、饮食等方面的情况，对其练习过程进行监控。

3. 为居民提供社区健身咨询

社区成员年龄跨度大，职业种类多，受教育程度不一，人们对健身方法的掌握、健身原理的认识、医学常识的了解，不尽相同。对于健身者来讲，参与锻炼是为了达到个体目标，追求健身效果，科学地选择健身项目、练习内容、锻炼方法和运动负荷等尤为重要。为了让社区居民选择正确的健身方法和有效的锻炼手段，形成文明、科学的健身观，达到健身娱乐的目的，可有组织、有计划、有步骤地为居民提供社区体育健身咨询，社区体育服务是非常重要的。社区体育健身咨询，一方面是向社区居民传播必要的健身常识，进行健身教育，另一方面是对社区居民进行健康咨询。

（1）介绍体育锻炼的一般知识。运动负荷是运动训练理论中极其重要的核心概念，由运动量、强度、密度、时间等因素构成。运动量指练习的次数、距离和持续时间。研究表明，健身活动的持续时间一般以超过 30 分钟为宜。运动强度是指单位时间的运动量，是衡量运动量的主要依据，计算方法有年龄减算法、净心率计算法、运动量百分比公式法、靶心率法和卡沃南计算法等。运动密度指每周练习的次数，研究表明，每周的健身活动 3 次至 4 次效果最佳。

（2）宣传体育锻炼的自我监督方法。自我监督又称为自我检查，指练习者在健身过程中，对自己健康状况和生理功能变化做连续观察并定期记录。其目的是评价锻炼效果，调整计划，防止过度疲劳和运动性损伤。主要检测指标有情绪、自我感觉、睡眠情况、饮食状态、排汗量、心率、血压、体重变化和肺活量等。自我监督的内容可分为主观感觉和客观检查两部分。

（3）传授处理运动损伤的常用方法。健身过程中运动损伤时有出现，正确的处理方法对伤口愈合、功能恢复的作用重大。常见的运动损伤有韧带损伤、肌腱损伤、肌肉断裂、关节损伤、骨折和关节脱位等。急性损伤的处理原则是：早期（伤后 48 小时以内）处理原则，主要是适当制动、止血、防肿、镇痛和减轻炎症，伤后即刻冷敷、加压包扎、抬高伤部、适当制动，加压包扎 24 小时后可拆除，根据伤情外敷新伤药；中期（指伤后 48 小时后）处理原则主要是改善伤部的血液和淋巴循环、促进组织代谢、促进瘀血与渗出液的吸收、加速再生修复，处理方法可采用热敷、按摩、拔罐、药物治疗，同时应根据伤情进行适当的康复功能锻炼；后期处理原则主要是增强和恢复肌肉、关节功能，主要以按摩、理疗、功能锻炼为主，适当配以药物治疗。慢性损伤的处理原则是：改善伤部血液循环，促进组织的新陈代谢，处理方法有按摩、理疗、针灸，特别要重视功能锻炼。

（4）进行健康咨询，帮助人们处理体育锻炼过程中遇到的各种影响健康的问题，如疾病、情绪、挫折、焦虑和社会适应不良等，使人们形成正确的健身观念，积极参与社区体育活动。从个体来看，心境满意，心情舒畅快乐，同练习伙伴关系和谐，同练习环境融洽，是以稳定的情绪参与健身活动以达到良好健身效果的内在前提条件，它们对于练习者的健身活动参与趋向、认同程度、价值判断都将产生重要影响。健康咨询内容广泛，从为居民提供社区体育服务这个层面上看，主要涉及个体成长和发展两方面。成长是指个体机体的变化，主要指数量和性状；发展则指终身过程，主要同参与健身活动的心理和社会适应有关。就成长而言，咨询应侧重于练习者各器官、系统生理机能的特点与规律；就发展而言，咨询应侧重于练习者心理特点与发展规律。咨询者在工作过程中应力求做到理解、同情、友善、幽默、耐心、诚挚、老练、忍耐、思路开阔。

### （二）社区体育活动组织工作程序

社区体育活动的组织主要包括制定活动组织方案、建立活动组织机构、制定体育比赛规程、确定组织工作计划四个部分。

1. 制定活动组织方案

组织方案是组织社区体育活动的依据，一般包括：①社区体育活动的名称与目的。主要根据全民健身运动的方针、政策、任务、社区活动计划与要求以及社区活动的性质来确定。②社区体育活动的规模。主要根据本次活动的任务确定，同时明确主办单位、参加单位、参加人数、比赛项目和组别、活动或比赛的日期和地点等。③工作机构。根据实际需要确定，包括机构的组成、组织形式、工作人员数量、各部门负责人名单和分工情况等。④经费预算。根据实际需要确定，一般包括场地、器材、宣传、奖品、交通、食宿、医药、招待、邮电、印刷、文具、会场布置以及工作人员补贴等费用。⑤工作步骤。主要根据大会规定的工作阶段确定各阶段的工作重心和主要任务，制定完成准备阶段工作的方法和措施。

2. 建立活动组织机构

社区体育活动或比赛的组织是一项复杂细致的工作，通常是根据活动或比赛规模的人数成立相应的组织机构。

3. 制定体育比赛规程

社区体育活动主要包括两类：一类是以表演和展现人们精神风貌为目的的各种文化娱乐活动，另一类则是竞技体育项目或者是降低了一定难度的竞技体育项目。社区体育活动规程与体育比赛的竞技规程基本一致。

社区体育活动规则、规程是组织社区体育活动和比赛的最基本的条件，是组织比赛和裁判工作的具体根据。为了保证竞赛活动顺利有序地开展，组织者必须制定出相应的比赛规则和规程，两者缺一不可，否则将无章可循。主要包括：①社区体育活动的名称、目的任务。②社区体育活动（比赛）的日期与地点。③参加单位。④社区体育活动（比赛）的组别和项目。必须列出各组别的具体项目，组别一般按性别或年龄分组。对每一个具有健身娱乐性质的趣味项目，都应以简洁的文字制定出切实可行的具体规则与要求，必要时，还可以用绘图形式说明某些项目的活动路线。⑤参加办法。具体规定各单位的参加人数、每个项目的参加人数以及每个人可以参加的项目数。⑥比赛办法。详细说明各项目的录取人数、场地器材的具体规定。特别应注意写明特殊的规定，如参加比赛的人数不足录取人数或某些项目只有一两个人参加时的具体办法。⑦计分办法。这个方面的内容较多，在制定比赛规程时应分别做出规定，主要包括单项的计分办法、团体总分的计分办法，还应制定出单项成绩相等和团体总分相等时的评定方法。⑧奖励办法。写明获得单项和团体规定名次的奖励内容。⑨工作人员、裁判员的选派方法。

4. 确定组织工作计划

成立了组织机构后，各组根据工作任务和具体要求，在组长的领导下，讨论工作方法和工作步骤，确定工作计划，保证任务的顺利完成。

### （三）社区体育竞赛组织原则与分组编排

1. 社区体育竞赛的组织原则

社区体育活动或比赛，参与者和比赛双方都应在活动或比赛过程中获得均等的条件和机会，应努力做到所有参与者在相同规格的场地上，使用相同的器材，采用相同的比赛方法和判罚尺度，最重要的就是条件均等原则。运用条件均等原则时应注意以下几点：①比赛条件尽可能均等。组织者不仅要为所有参赛者提供条件相同的比赛场地，准备或规定使用器材的性能和尺寸，还应考虑阳光、风向、气候的影响，尽可能使比赛双方在同等条件下比赛。②参赛人数（队）的各种条件相等。凡是集体性质的比赛项目，组织者都必须对上场队员的人数、性别和年龄做出明确的规定（如拔河比赛）。除此之外，球类比赛在换人方法和换人次数等方面虽可做出一些特殊的规定，但是组织者应尽量借鉴竞技体育的规则与裁判方法，以增加比赛的可操作性。③比赛顺序、休息时间和机会均等。在比赛的出场顺序、位置的安排上都应遵循公平的原则，让其机会均等。一般以抽签的方法排定比赛顺序和比赛位置。社区体育活动或比赛，在一定程度上不及竞技体育激烈，但在比赛中总要消耗一定的体力，出现一定程度的疲劳，休息时间也是组织者必须考虑的问题。

2. 社区体育竞赛的分组工作

一般情况下，凡是参加一个项目的比赛，组织者都会给每人或每队填写一张卡片。有些具有田赛性质的比赛项目，也可多人或每项填写一张记录表。在所有报名参加的比赛项目的记录卡片填写完成以后，经过仔细核对，即可进行分组。

分组的基本步骤与要求：①根据社区体育活动或比赛项目的性质和特点、比赛场地情况（场地大小、跑道数、布局情况）和裁判人数进行分组，以 4~6 人（队）为宜；②如有可能，同一单位的运动员应尽量避免分在同一组内；③分组确定后，组织者可抽签排定组次、道次和出场顺序，参加人数较多的集体项目，也可组织领队抽签，排定比赛顺序。

3. 社区体育竞赛的比赛日程编排

比赛日程即比赛时各项目的先后顺序。比赛日程编排是否合理，对参赛者技术水平的发挥，裁判员裁判工作的顺利进行，工作人员的工作以及观众的情绪、入会的气氛，都会产生重要的影响。因此，在编排比赛日程时，应注意以下原则。

（1）规范性与灵活性相结合。规范性指组织社区体育活动和比赛时，组织者往往会选择一些竞技体育的项目，或者选择一些降低了一定难度的竞技体育项目，同时，也会采用一些人们非常熟悉和习惯的健身娱乐项目。这类性质的项目在参加人数、比赛办法、计分方法、裁判方法等方面，都是人们比较熟悉和了解的，具有一定的规范性。灵活性是指组织者自行设计的一些新颖、有趣、别具特色的项目。在编排日程时，一般将竞技体育项目和降低了一定难度的竞技体育项目或熟悉的健身娱乐项目安排在前，新设计的项目安排在后。这样既便于组织比赛，又有较充分的时间向参与者解释新增项目的比赛方法。

(2) 动静交替，长短结合。这是指在编排比赛日程时，应根据项目的负荷特点及运动特征，将激烈、刺激、距离较长、难度较大、运动负荷较大的项目与平缓、有趣、距离较短、运动负荷较小的项目交叉编排在日程中。一般将难度与运动负荷较小的项目安排在前，难度与运动负荷较大的项目安排在后。

(3) 集体项目与个人项目相结合。在编排比赛日程时，还应考虑项目的参与人数与气氛，尽可能使比赛逐渐进入高潮。从便于组织比赛和保证比赛准时、顺利举行的角度考虑，一般将个人项目安排在前，集体项目安排在后，尽可能增加比赛气氛，使比赛逐渐进入高潮。

(4) 性别与年龄相结合。在编排不同组别的比赛日程时，最好将中老年的比赛项目编排在前。

(5) 体能与智能相交替。在趣味健身活动中，有些项目对体能要求较高，有些项目要求体能与智力的综合体现。编排比赛日程，对项目的特点应有充分的认识，一般将智力要求较高的项目安排在前。组织者有时为了突出有趣的特色，可以在同一组别的负荷项目之后安排智力要求较高的项目；为了保证比赛的有趣气氛，也可将其分别编排在各个时段中。

### (四) 社区体育竞赛成绩判定方法

社区体育竞赛的内容非常丰富，形式千变万化，在竞争过程中，判定成绩胜负的方法很多，归纳起来有以下几种：

定性判定：在判定过程中，以是否达到标准为判定成绩的依据，通常以完成动作的姿态、节奏、动作的质量、难度与优美程度等定性指标进行判定。定性判定常用于健美操、武术等项目，通常以评分的形式判定，评分高者为优秀。

定量判定：在判定过程中，以一些具体的客观标准为判定成绩（名次）的依据。定量判定是健身娱乐项目竞赛中广泛采用的判定方法，如计时法、计先法、计距法、评分法、计数法、淘汰法等。

综合评定法：以整体效果、整齐程度、动作的规范性为依据进行评定，如广播体操、健身操、秧歌比赛等。综合评定法也在一些素质性比赛中采用，既要评定动作的质量，又要计数，如 1 分钟俯卧撑计数比赛。

### （五）组织社区体育竞赛的注意事项

1. 制定竞赛规则与规程的注意事项

因社区体育竞赛的规则与规程合二为一，因此，两者不能产生矛盾，文字要准确，要求要具体，不能使人产生误解，要体现公平竞争，尽可能使参与者的各种条件相同。项目设置应充分考虑参与者的年龄和机能状况以及场地条件和比赛时间的限制。规则与规程制定好后，应提前下发，以便让参与者提前做好准备。

2. 自创项目设计与挑选的注意事项

自编、自创或挑选比赛项目是非常关键的问题，是体现组织者对社区体育活动理解的重要标志。在设计和挑选项目时，应考虑以下几点：

（1）趣味性与健身性并重。这是设计和挑选项目的总体要求，项目的设计与选择应紧扣趣味和健身的主题，应设计或选择一些运动负荷适宜、趣味性较强的项目。对趣味性与健身性两者并重的总体要求是组织、设计与选择项目的难点。

（2）群众性与可行性。在设计和选择项目时，应选择一些群众喜闻乐见的项目，设计出对参与者有一定难度又便于完成的项目。项目的设计应考虑广泛的参与性和组织者的实际情况以及比赛时间的充裕程度。

（3）多样性与规范性。多样性是指项目的设计与挑选应适应不同层次、不同性别的人群，应考虑人体活动时对各部分的刺激与影响。规范性是指挑选项目时，要从便于组织实施考虑，使项目相对稳定、便于比赛、利于裁判工作等。

（4）健身与竞争并存。这是设计与选择社区体育项目的另一个重要要求。有些项目，在单一练习时，竞争性较低，健身作用明显，但集体练习或比赛时，其竞争性大大增加，危险性也随之增加，这类项目组织者在选择时必须慎重。

（5）体现教育性与娱乐性。有些健身娱乐项目，其项目名称就具有很强的教育性，如“齐心协力”“同舟共济”等，这些项目，不论是项目名称还是完成这些项目的具体过程，都体现团结一致，要求步调一致才能取得优胜。除此之外，有些健身娱乐项目，其项目名称又具有很强的娱乐性，如“斗智”“袋鼠赛跑”等，不论是项目名称还是具体的完成过程都具有较强的娱乐性。

3. 判罚过程中的注意事项

（1）规则与判罚的尺度统一。社区体育活动与竞赛的组织者应设计或挑选一些内容与形式较新的项目，这些项目在判定比赛方法与规则时，规则的内容应适用于双方，规则对双方发生的同样性质的犯规或违例，判罚原则应该完全一致。除此之外，对犯规或违例的判罚、对双方执行规则的尺度是相同的，而且，裁判之间的尺度也要一致。

（2）成绩名次判定的准确性。在自编、自创的健身娱乐项目竞赛中，参与者由于自身的原因或外界环境的影响，必然会出现各种类型和不同程度的违例或犯规现象。在成绩（名次）判定时，正确区分无意犯规、故意犯规和不文明与不道德的行为才能提高判罚的准确性。对不同性质的犯规应给予不同程度的处罚，尽可能减少误判、漏判与反判，保证判定成绩与名次的准确性，减少不必要的争议，达到判罚尺度的统一。

（3）加强宣传教育工作，做好解释工作。在具体判罚过程中，要尽量做到准确无误。参与者因看问题的角度不同，会提出各种异议，这时组织者、裁判员应及时说明与解释规则和规程条款，讲清为什么要判罚。

4. 加强安全教育，制定预防措施

虽然社区体育竞赛的组织者要根据参与者的性别、年龄和实际情况设计与挑选比赛项目，参与者在比赛中也会采用安全、实用的技术进行比赛，但在比赛中由于种种原因，参与者还是会出现这样或那样的伤害事故。组织者必须高度重视，不仅要在项目的设计与挑选时考虑安全因素，还应在场地器材的准备上考虑安全因素，同时，组织者还应制定出可行的预防措施，设立医务机构，保证比赛的顺利进行。

## 三、社区体育服务新体系构建措施

### （一）坚持政府建设与社会兴办相结合

就整体而言，我国社区体育服务还属于公益事业，其发展在很大程度上还要依靠政府的支持，人力推动和促进社区体育服务是政府的职责。资金短缺、设施不足、组织乏力是社区体育服务面临的最大问题，要妥善解决这些问题，应坚持政府支持与社会兴办相结合的原则。政府重点支持公益性体育设施建设、群众性体育组织和以社会兴办为主的体育活动，鼓励、支持企事业单位和个人兴办面向大众的体育服务经营实体，积极引导群众的体育消费，大力培育社区体育服务市场，加强规范管理，逐步形成有利于社区体育服务发展的社会环境。

社区体育服务的正常开展依靠服务资源的供给和利用。一般来说，社区服务的资源主要分成物质资源和人力资源两个部分。在我国社区体育服务事业发展进程中，一直存在着服务需求的扩展和服务资金投入不足这一对矛盾。为此，尽快建立以“政府为主，多方出资”的资金筹集机制，就显得十分重要。资金是保证社区体育服务事业正常运转的物质基础，是衡量社区体育服务事业发展水平的重要标志。由于历史的原因，我国社区服务自开展以来，就呈现政府自上而下的带领和推动发展的特点。我国经济发达地区的社区体育服务之所以能在近十年中快速发展，无不得益于当地政府的积极态度和鼓励政策。可以说，还处于社会转型中的我国社区，如果没有政府的支持和推动，仅靠社区居民的自发参与，社区体育服务无论是规模还是质量都不可能满足人们对体育活动的需求。

社区体育服务作为社区服务的内容，相当一部分属于政府的责任范围，如用于健身的大型基础设施的规划、设计和修建等，因此，政府投入始终是社区体育服务的主要资金来源。政府投资的形式分为财政拨款和无偿提供健身场地设施或相关服务的减免税收等方式，只有坚持以政府支持为主的投入方式，才能从根本上避免目前社区体育服务中用有偿服务代替本应是无偿服务或有公益性服务现象的继续存在，才能真正确保广大社区成员人人享有参与健身、娱乐的权益。

政府对社区体育服务的支持还涉及社区体育服务政策的研究、制定和推行，社区体育服务的规划和实施，社区体育服务标准的制定和实行，社区体育服务机构的审批，行政立法和监督等。具体来说：第一，政府通过各项政策推动和扶持社区体育服务的发展；第二，政府在组织上具体落实社区体育服务工作；第三，政府通过制定评价社区体育服务规范和标准来指导社区体育服务。

要解决社区体育服务过程中存在的一系列问题，如人、财、物的投资等，切实推动社区体育服务，除政府支持外，还应积极动员和组织社会各界广泛参与。由于我国尚处于社会主义初级阶段，财力不足、资金短缺是开展社区体育服务的突出问题之一，可以通过全社会参与，增加筹集资金途径，弥补政府投入的不足。社会广泛参与是获得社会捐助、加大社区体育服务资金投入的有效手段。随着社区服务的发展和公民社会参与意识的提高，各种形式的社会捐助将不断增加，这些捐助有的来自机关、企业，有的来自社会团体或个人。社会广泛参与是增大体育彩票基金，加大社区体育服务资金投入的重要途径。体育彩票收入是用于发展我国体育事业的专项资金。各地应充分利用体育彩票发展当地的社区体育服务工作。这些建在群众身边的体育设施，既方便了群众参加体育健身活动，又有效地缓解了体育健身场地、设施不足的压力。社会广泛参与是建设全服务网络的有效方法。体制改革要求政府简政放权，改办体育为管体育。基层社区体育服务工作由谁组织和管理是新形势下面临的又一大难题。把社区体育服务放到具体的单位和体育团体中去办，充分发挥社会非政府组织的积极性，依靠共青团、妇联、工会、学校、企事业单位和各种体育组织和实体来兴办，使社区体育的政府渠道和社会渠道贯通，使社区体育管理的政府行为和社会行为相结合，有效地建立和健全社区体育服务网络，从根本上解决建立和健全社区体育服务网络的问题，适应体制改革对社区体育服务的新要求。

### （二）优化健全社区体育组织网络

行政管理体制的转变对社区体育组织发展提出了新的要求。社会主义市场经济体制逐步建立，政府不再是管理社会与促进社会发展的唯一主体，而应更多地凝聚社会各方面的力量，共同促进社区体育服务的发展。社区体育行政结构其职能由“微观管理”向“宏观调控”转化，管理方式也由行政命令向协作方式转变。体育行政机构由包办体育向主管体育转变，逐渐将主办权交给社区体育组织，在开展社区体育中突出社区体育组织主导地位。而现有的社区体育组织网络，与计划经济体制下，通过数十年逐渐建立起来的服务与竞技体育的单项运动协会以及具有突出“单位人”特点的行业体协等体育组织网络相比，在规模、作用、功能等方面都显得不太成熟。加之近十年来，社区体育服务发生了较大变化，服务内容从最初开展单一的健身活动，向开展相关咨询，推广健身项目，组织大型活动和提供更高档次、更具个性的社区体育服务发展；参与部门也由少到多，涉及面由小到大，由当初街道办事处扩展到辖区内的企业、公司、事业单位和工、青、妇等社会团体以及其他社会组织；服务性质已突破了民政部门传统的便民利民服务的框架，广阔地向社区行政事务、社区发展事务等方面延伸。目前，我国城市社区存在的社区体协、住宅区体协、晨晚练活动站、地区（片）体协和一条街体协五种体育组织形式，已滞后于社区发展与体育服务的要求，需要一种新的方式来整合社区资源。

首先，为了尽快解决社区体育服务“有人管，有人干”的问题，政府机构中应建立健全社区体育工作的相关组织，为社区体育工作的深入开展提供坚强的组织保障。

其次，为了使社区体育组织达到服务辖区大、服务覆盖面广、辐射力强的要求，有的群众体育组织在结构上突破了“以条为主”的特点，逐步从“强条”向“强块”“条块”结合方向发展。建立大统筹的社区体育服务体系，实现资源优化配置和设施的充分利用，以避免造成本来就十分有限的服务资源浪费，以适应居民群众日益增长的生活需要，为实现服务项目齐全和服务网络化奠定良好基础。比如，在社区中建立学校、家庭、社会体育的一体化组织网络，不失为一种好的做法。

## 第四节　新时代全民健身市场网络运行机制规划

### 一、市场机制在健身网络中的作用

市场、市场机能和市场机制三者之间关系密切，相辅相成，即市场这种经济实体存在，就会有与之对应的市场机制和市场机能。

#### （一）市场机制可以内在调节健身网络运行

自从计划经济以来，一直推行传统的大众体育运作管理模式，然而，在全民健身市场网络出现之后，那种传统的运作和管理模式开始受到质疑。自从20世纪70年代以来，在体育发展事业当中开始加入商业经营的手段，也就是在体育领域引入了一种新的观念——“经营，在适用于以营利为目的的商务活动的同时，也应该积极地在社会公共发展事业当中应用”。从20世纪90年代开始，我国的体育事业开始逐步走向成熟，并进一步得到完善。由于新型事业的发展，再者加上国民经济的影响，我国的体育事业迎来了一个“新竞争”体系。企业与网络两者之间存在着密切的关联，这主要包括水平方向和纵向方向两种，这种联系也是构成“新竞争”体系组织特征的重要组成部分。

具体来讲，体育市场作为一只无形的手，通过市场经济的某种内在调节使得健身网络的所有经济行为整体转变为市场行为，进而通过一系列的转化，表现为各种利益的结果和经济目的。由此可知，网络系统能够维持正常的运营和生产，群众体育消费的欲望和体育产品与服务的供求之间能够保持一定的平衡性，都是体育市场在健身网络运行当中发挥着不可替代的作用，而这种调节作用具体可以描述为一种市场机制。目前，我国的体育市场所处的环境是不完全竞争性的，从某种程度上讲，这也决定了市场机制的调节作用具有一定的条件，市场机制的调节作用具有一系列的过程，首先通过操纵网络系统的全部过程，决定着网络上的不同资源能为群众健身带来的效应或作用，最后达到平衡体育市场中的供求的基本比例关系的目的。

#### （二）市场机制作用于健身网络运行中的局限性

虽然市场机制在网络运行中发挥着重要的作用，但是市场机制所发挥的作用并不是完全的，存在着一定的局限性，它并不能够准确有效地实现当前阶段大众健身市场网络的社会经济目标，起到的作用是有限的，并不是全方位的。其局限性主要表现在以下三个方面：

第一，市场机制对健身网络运行的调节具有一定的盲目性。市场调节需要一个过程，并不能够直接高效地发挥作用，首先，价格要转化为信号，然后信号才能进一步传达到网络决策层，这样就会形成一个时间差，所以说市场调节是一种事后调节。这种调节的延迟势必会带来相应的副作用，导致网络微观决策的被动概率大大提高。众所周知，体育市场存在很大的波动性，它主要受消费者的影响，如果一种新形式的体育商品突然出现或某件产品受到追捧，这种情况下很容易产生从众心理，人们便开始疯狂地抢购。商家看到这种商机，就会增加产品的供应量，使得商品的供需失调，商品过量地堆积，最终带来的结果就是产品价格在一定程度上下调，进而对投资方造成不小的消极影响。上述情况所反映的主要问题是如何合理进行总量控制，提高营业利润。举个实例，在我国的体育市场中，这种情况很普遍，如高尔夫球场、保龄球馆、足球场等相关场馆的过度发展，都与市场机制的盲目性调节有着密不可分的联系。由此可知，市场机制在健身网络运行中的调节存在一定的弊端，这种事后调节的模式极大地增加了经济损失的比例，由此显得很被动，所以，在研究市场机制在健身网络运行当中的作用时要重点关注其盲目性。

第二，市场机制对体育公共物品供给方面的调节存在一定功能缺陷。市场机制不能够完全有效地调节体育公共物品的供给，其中包括众多形式的组织所配备的体育场地和公共基础设施等。本身来说，社会上的福利和公益项目是免费或者以较低的费用提供给群众用于健身活动，这有助于提高公众健身运动的积极性，号召大家主动投入到全民健身的队伍当中，能够起到良好的促进作用。然而，从网络的局部利益角度去考虑，无偿供给大众基础设施、体育用品以及场地，就会影响投资方的利益，由此降低了其生产和经营的积极性，所以，政府应该适当地对相关的投资方进行一定的财政和经济补贴，以此来降低他们的损失。如果政府缺少相应的调整措施，那么在市场机制的作用下，那些无偿提供给群众的基础设施和体育场地会被转变为更高利润的项目。举个例子，大城市当中有限的体育场地会被改建成舞厅、游乐园等娱乐场所，这样使得群众的健身场地变得更少，不利于全民健身运动的推行。

第三，市场不能使网络成员之间得到合理的收入分配。具体来讲，在体育市场当中，其交易的原则本身是平等和公正的，然而，由于不同网络组织间存在不同的资源和功能，这就导致各自所得到的经济效益的差异性。从市场的自发调节作用方面来考虑，收益差距扩大的概率也随着增大，进而不利于网络系统中各组织之间的良好协作和稳健发展。

## 二、全民健身市场网络发展概况

### （一）全民健身市场网络的主要特点

全民健身市场网络可以理解为把市场行为和政府行为有机结合的一种模式，由此来深入分析国家体育职能部门如何使用体育场馆资源，并根据这一基础，利用市场机制的作用，对资源进行合理化的使用，最终提高群众健身的积极性，实现全民健身的愿望。

它的主要特点包括以下三个方面：

第一，一些大城市具有比较完善的体育基础设施。例如，深圳全民健身市场网络把各类体育场馆设施作为基础，而每个场馆设施都可以想象成一个网络点，通过连接这些不同的网点，最终形成一个完整的网络系统。这些场馆设施网点主要包括三大类，分别是学校和企事业单位所属场馆、公共体育场馆以及经营性体育场所。健身市场网络主要是指学校和企事业单位所属的场馆和公共体育场地，至于经营性体育场所，则是作为一种补充。

第二，政府行为的积极介入。将政府行为导入到全民健身市场网络当中，可以充分发挥政府的行政管理作用，这样能够实现政府和市场的有机结合，使其相互协调，使得行政方法、经济方法与法律方法共同使用。首先要设置网络的组织机构，并且制定相关的发展战略，然后对网点进行设置布局，同时也需要对网络进行经营和管理，这一切都应该加大与政府部门的密切联系，尤其是政府体育主管部门，如各个城市的体育发展中心，这样才能够保证在有经济效益的同时，也能够带来社会效益。此外，政府行为的介入也体现在网络的建立上，主要以学校和企事业单位场馆和公共体育场馆为主，这两者也是基础保障。

第三，与市场的紧密结合。全民健身市场网络的建立需要一定的社会背景，也就是随着较发达的社会主义发展，借助网络平台，促使社会体育产业化和市场化。值得说明的是，在组建网络并对其进行经营管理时，要从市场的角度出发，不管是对于网络系统的整体经营开发，还是涉及其中的某个小场所，都不能够脱离市场，经营策略需要与市场之间建立起高度密切的关联，主要包括三个步骤：①进行必要的市场调查。②确定目标市场，并对市场进行准确定位。建立全民健身市场网络，目的是让市民积极投入到健身活动当中来，逐步提高身体素质，为自己的健康做投资，并借助网络平台的力量使得最终效益达到最大。因此，网络的市场定位需要着重关注低价位策略，保证产品的多样性，同时价格合理，保证市场份额的领先作用，在后期制定经营策略的同时，需要时刻考虑这个定位，长期下去，保证消费者群体和竞争群体都可以深入了解这种理念。③实行市场营销组合策略。

### （二）全民健身市场网络的主要功能

（1）全民健身市场网络能够为市民提供多样化、低价位、便利有效的体育健身项目和娱乐场地。

（2）全民健身市场网络能够为市民提供便利的体质监测和运动处方，最终保证群众进行科学的体育锻炼。

（3）全民健身市场网络能够为市民提供一种集中分散相结合的、稳定系统的、开放的、方便可靠的体育活动锻炼方式。

（4）全民健身市场网络能够为市民提供科学方便的健康锻炼咨询平台。

（5）全民健身市场网络可以提高体育场馆的使用率，进而提高经济效益。

（6）全民健身市场网络可以优化配置体育市场中的各种资源，包括人力、财力和物力。

（7）全民健身市场网络可以培养市民为自身健康做小额投资的观念，积极调动大众健身的兴趣。

### （三）全民健身市场网络的运行原则

1. 适应性原则

由于全民健身市场网络存在互联性，导致体育市场竞争面临着全球性，这在一定程度上给体育企业和组织带来了更大的挑战，并且这种市场环境随时发生着变化，这就是适应性原则。

2. 增值性原则

由于一种产品的生产经营不是一步完成的，中间需要众多的环节，而这其中的每个环节都有可能增值，增值又可扩大网络运行范围。

3. 特定化原则

这指的是首先找出具有代表性的一些客户的喜好和习惯，根据这种特点生产出符合消费者需求的产品。

4. 主流化原则

这指的是某些企业为获取市场最大营业利润，多数采取赠送第一代产品的方式，这样能够抓住消费者的大众心理，提高购买力。

### （四）体育产品网络营销战略

1. 体育产品网络营销的战略观念

体育产品网络并不像传统市场营销那样，这两者之间存在着一定的差异，最主要的是网络强调顾客需求的个性化，并为顾客提供个性化服务，这是利用互联网的优势，积极了解顾客需求的变化，以满足不同消费人群多样的需求，属于战略上的创新。当然，这种网络营销模式并不是对传统市场营销战略的否定，而是根据当下具体的发展情况，在原有营销基础上进行的深化与发展。

2. 体育产品网络战略的重点

总体来说，根据消费者的需求进行相应的调整，这才是体育产品网络战略的重点，并且需要为顾客提供个性化的服务，目的是创造新的竞争优势。

3. 体育产品网络营销战略的种类

体育产品企业网络营销的战略有很多类型，包括企业形象战略和信息战略、人性化管理战略以及竞争与合作战略。

## 三、政府宏观调控对健身网络运行的影响

市场机制在全民健身网络的运行当中发挥着重要作用，不仅能够合理配置各种相关资源，还可以促进体育生产与服务的发展。因此，当前健身网络运行所遵循的原则，必须要依照大众生活和体育发展的内在规律进行，不可脱离生产实际，并且要关注精神文明建设的状况，保证市场机制能够体现其重要意义。然而，我国当前的形势是正处于社会转型期，这种现状下，计划经济与市场经济共同发挥作用，“看见的手”与“看不见的手”相互协调，有机结合起来。政府的宏观调控对于全民健身市场网络运行的影响主要有以下四方面：

第一，为网络运行提供相关的公共服务。网络经营所达到的微观利益成为市场经济的首要基础。如果要实现这一基础，那么就需要营造一个良好的氛围以及外部环境。要实现经济的稳健发展，提高人民的生活水平，改善群众的生活质量，维持市场的良好秩序，势必要营造一种安定的国家环境，同时外部的国际环境也需要达成和平友好的共识，而体育市场的形成和发展以及网络健身系统的运营和维护都依赖于体育消费者的意识和大众生活需求层次的提高，这有助于整个健身网络规范化和长久化地持续发展。以上这些相关的公

共服务都是政府来提供的，不然很难单凭市场经济的调节作用达到这种结果。

第二，借助转移支付的方式扶持全民健身的某些经营网络或者某些项目。转移支付指的是通过把财政收入或体育彩票等收入的部分资金作为资助金，提供给收入较低的单位或者缺少公共服务的大众群体，以此来改善网络联盟不平衡的现状，从而维持网络良好运营的模式，降低损失的风险。

第三，保障体育市场良好的秩序。政府制定体育市场相关的法律法规，并通过严格监督和执法，规范体育市场中网络组织以及各种企业之间的行为，保证它们进行公平正当的竞争，最终为健身网络运行营造出合理竞争的环境，使得各项工作都规范化进行。

第四，通过全民健身发展的相关活动，调节收入之间的分配模式，保证不同网络间经济效益得到长久持续的增长。然而，市场机制在调节体育生产的过程中存在两大缺陷，即盲目性和滞后性。

由上述可知，政府在维持健身网络体系运营、发挥宏观调控作用的同时，需要制定必要的计划和发展战略，避免其盲目性，最大限度地发挥其良性效益，必要的条件下，可以制定相应的扶持政策，最终实现引导网络体育生产的目的。例如，政府可以通过制定扶持发展的政策，规划好扶持的地区或者项目，特别是一些体育基础设施的建设以及某些带有公益性质的体育事业，通过引导和帮扶提高群众健身的积极性。

除此之外，政府还可以征收累进所得税，目的是限制某些发展过度的为少数高收入、高消费阶层所喜爱的体育消费项目和场所的发展，将这些项目更加大众化，提高群众参与度。再者，通过转移支付的手段，扶持全民健身的某些经营网络或者某些项目，并提高收费低的体育辅导人员的工资，使其能够正常运营，满足大众不同的多样化体育需求。以上措施，一方面能够保证网络运行相关工作人员的基本工资，提供给众多项目发展的机会；另一方面也可保证政府能够对体育市场中健身网络的运行进行必要的有力监管和调控。

## 四、中外健身市场在网络平台上的合作发展

由于中国改革开放的逐步深入，国民经济水平也在逐步提高，国际影响力日益增强，我国在国际上占据了更重要的地位。在这种全球经济的形势下，我国也加强了同世界其他各国经济贸易的交流与合作，而体育文化商品和其他商品没有什么不同，体育商品也在不同的国家和地区之间进行广泛的流通和交易。而且体育商品不受国界、民族、种族、语言以及风俗习惯等的限制，使得它们成为世界性商品。例如，自中国加入 WTO 后，中国经济已面临着知识经济以及经济全球化的挑战，中国的体育市场也不得不向世界开放，体育

商品作为全球性的商品在不同的国家之间进行竞争，同时面临着向世界全面开放的责任和义务。各体育组织和单位只有不断地提高自身产品的质量，并随着市场需求的变化不断进行创新，才能够在激烈的市场竞争环境中站住脚跟。另外，中国在2008年举办的奥运会，为中国的体育市场提供了一次空前的发展机会，同时，我国全民健身市场网络的运行也会面临全新的挑战。鉴于以上新的市场环境，我国的体育部门和网络组织不得不进行战略转变，加快与国外体育企业和经营组织组成战略性市场网络的步伐，这成为我国的重要策略手段，也是全民健身市场网络组织未来规划过程中最值得重视的一方面。

在计划经济环境下，我国体育组织和部门仅仅是作为一个行政管理型的单位。在我国进行改革开放之后，国家的体育发展进行了相应的战略调整，体育组织和部门由传统的行政任务型逐步地转变为财务利润和市场份额的经营管理型。多数学者普遍认为，在最初的一段时间之内，我国体育要想达到这一目的，就需要进行资源要素组合。所出现的显著问题是，由于不同体育经营单位之间的情况较为相似，且水平也处在同一低水平，就造成它们之间进行低水平的竞争。其中最主要的问题是，不同体育部门和单位不能认识到全民健身市场发展的实际现状，更没有根据这种实际情况制定符合经营部门特定资源优势的相关发展路线。与此同时，不同产权类型的体育单位与企业之间在体育产品以及管理和营销模式方面存在较大的差异，其中最主要的是合作、合资以及独资的经营模式与单一模式相比具有明显的绩效优势，而这一优势也成为各体育经营单位网络联盟最具代表性的特点。借助这一国际经营网络，外方的体育市场纷纷进入中国市场，如外国名牌运动鞋、体育服饰、休闲娱乐、健身器具等。与此同时，中国的某些体育商品、健身器材、休闲服饰也走出国门，成功进入世界各国的市场，使不同国家和地区之间的联系更加密切。

虽然我国体育市场发展比较迅速，水平也在逐步提高，主要表现在与不同国家之间的体育市场网络联盟更加密切和完善，但是我国在网络联盟中缺乏一定的经营技术和创新思路，处在劣势地位。由此可知，我国在体育市场的竞争当中并没有占据主动性，外资企业在我国有更广阔的发展空间，在某些方面对我国固有体系进行着冲击，不利于我国体育事业的发展。众所周知，国外的品牌占据了我国绝大部分的市场营销比例，如阿迪达斯、耐克等众多知名品牌，使得人们形成外国产品质量好的消费心理，越来越多的年轻人更愿意花高价钱去买这些品牌。而由外国兴起的高尔夫球、保龄球、攀岩等众多的休闲娱乐项目也吸引了多数人去消费。这样一来，导致国内一些低利润层次的经营越来越不受重视，如乒乓球、排球等我国引以为傲的项目，随着外国体育市场的冲击和挤压，发展前景并不乐观。具体来讲，要想深入地解决这些问题，就需要细致具体地研究我国体育市场中的中外合资或者独资企业的经营性质，旨在为我国体育市场网络联盟提供切实有效的改进措施。网络联盟最主要的目的就是要深入开发体育市场巨大的经济价值，这主要是由于我国与国外合作者形成的联盟是市场性联盟，而在这个过程中，我国主要负责提供资金、场地以及必要的技术，外国投资者则是抓住中国巨大的体育市场发展空间，这样就导致我国处于被动的劣势位置上。需要注意的是，尽管在与国外合资形成网络市场联盟有助于提高我国体育相关企业的生产技术水平，但是通过这一联盟，想要实现我国体育市场的发展与振兴还不成熟。可以说，我国的体育经营单位要走好体育市场网络联盟这一关键性阶段，就需要寻求我国体育市场的“内部”网络联盟。由上可知，这一战略将为我国全民健身市场的发展提供坚实而有力的理论支撑和实际应用，保证体育事业走向独立和成熟。

## 五、我国全民健身市场网络未来发展战略

第一，作为社会配置经济资源的常用手段，市场经济通过市场机制来发挥作用，以此调节社会的体育领域。所以，在深入研究全民健身市场网络的运行之前，首先需要调查清楚市场机制对网络运行发挥的作用，进行深入的分析和探索。

第二，如果要发展好社会主义的体育市场，就要重视市场机制对于全民健身市场网络运行的调节作用。当然，这种刺激性的调节作用具有一定的弊端，市场机制是通过影响当下网络结构性的市场经营行为，更容易拉开各网络组织之间的收益差距，进而影响到网络的友好合作关系等，所以，必须要进行国家宏观经济调控，对市场机制进行相关的约束和监管，最终使市场机制在全民健身市场网络的运行中发挥其不可替代性的重要作用。

第三，网络联盟最主要的目的就是要深入开发体育市场巨大的经济价值，这主要是因为我国与国外合作者形成的联盟是市场性联盟。

第四，市场需求状况在某些方面制约着健身娱乐业的发展，这样来看，积极发展信息咨询需求市场显得尤为重要。首先，要提高人民群众对于健身娱乐信息咨询的相关意识。体育信息部门可以采用不同的方法，深入到群众当中，向群众介绍本部门服务的范围和特色以及调研能力和质量保证，并对工作流程进行详细介绍，提高大众对于健身娱乐信息咨询的重视程度，能够主动地去咨询健身娱乐相关事宜。其次，加大宣传的力度和广度，从而扩大健身娱乐信息咨询机构的影响。最后，应该密切关注全民健身运动的动态，关注群众的心理变化，广泛地收集大众反馈信息。

第五，目前我国体育市场有待进一步发展，并且全民健身市场网络资源存在一定的局限，其布局的广度和密度一般情况下不能够同时达到较高的水平，所以，网络可以根据不

同区域的具体特点，制定符合当地的特色发展策略，不受同一种形式的限制，能够灵活广泛地运用。在我国，由于内陆和沿海地区间地理位置的不同，所带来的差异也较为突出，在内地经济发展水平较为落后的城市可以选用广泛布局的方法；而在沿海发达地区，由于该地区经济发展水平较高，人均体育经费也比内陆地区多，这样就可以采用重点布局的方式。除此之外，对于那些偏僻贫困地区和农村体育市场需要有步骤地推进式进行。

# 第五节　新时代全民健身公共服务体系运行管理与规划

## 一、全民健身公共服务的特点

### （一）基于执行者角度

从全民健身公共服务的执行者来看，全民健身公共服务是由政府执行的在各个部门的共同参与下实行的一项服务体系。由此可见，其属于政府执行的，为全民健身这一活动服务的服务项目。

全民健身公共服务是由政府作为领导者，在政府的领导下执行相关的方针政策。全民健身活动作为一项全国性的、全民参与的活动，其执行需要政府作为牵头人，社会各界广泛参与。其公共服务必须是由政府作为执行者，通过国家的法律法规和相关政策作为指导，通过行政手段和法律手段来规范相关行为，建立起合理合法的相关服务体系。因此，全民健身公共服务的执行者是政府，全民健身服务是一项面向全国人民开展的全国性服务体系，体现了我国政府服务型政府的性质和为人民服务的原则。

### （二）基于服务对象角度

从全民健身公共服务的服务对象来看，全民健身公共服务的服务对象是我国的全体公民，这是由全民健身活动的实行范围所决定的。全民健身活动作为一项全国性的活动，其面向的对象是中华人民共和国的全体公民，其中不仅包括经济发达的一、二线城市，也包括经济相对落后的三、四线城市和广大偏远的农村地区。

因此，全民健身公共服务是面向全国公民的一项公共服务，是为了全民建设更好的覆盖广大农村偏远地区和经济落后地区的一项服务体系，其面向的对象不只是各项条件相对来说较为优越的城市地区，而是涉及全国公民。从其服务对象来看，全民健身公共服务不是简单的区域化政策，而是放眼全国范围的一项国家重要的公共服务。因此，全民健身公共服务体系属于全国性的公共服务体系。

### （三）基于服务内容角度

从全民建设公共服务的内容来看，全民健身公共服务是从公众需求的角度出发的、由政府供给的一项服务，其内容有行政性的服务、公益性的服务和经营性的服务。

行政性的服务是由政府出力，在政策上维护全民健身活动的顺利进行和相关事务的有序展开，维护全民健身活动的稳定发展。政府颁布一系列的政策为全民健身活动的推行提供政策上的便利，同时通过行政手段对全民健身活动进行宏观调控。

公益性的服务就是在国家政策的号召下，各个公益机构或者志愿者为全民健身活动的开展提供服务。有公益机构为全民健身活动提供资金和技术上的支持，志愿者为全民健身活动参与者提供个人的专业指导或者是公益性的服务。

经营性的服务主要是指营利性的健身场所，在为广大健身参与者提供服务的同时赚取一定的费用。经营性的服务以营利为目的，有专业的器材和较好的设备，能为健身活动的参与者提供更好的环境和指导。

### （四）基于服务目的角度

全民健身公共服务是为全民健身活动提供服务上的保障，其目的在于通过完善的服务体系为全民健身活动推行做好配套的服务，使全民健身活动的发展更加系统化。要想搞好全民健身活动，首要的任务就是做好其公共服务的建设。完善的服务体系，能为全民健身活动的参与者提供更好的体验。相关的配套设施，无论是在政策上还是在进行上都能够享受巨大的便利，使得全民健身活动的推行减少了大量的阻力。全民健身公共服务的建设就是为了给全民健身活动提供方便和指导。

因此，从其目的来看，全民健身公共服务就是为全民健身活动的开展大开方便之门，彰显政府的服务职能，为广大群众提供更加良好的服务体验。

## 二、全民健身公共服务建设的理论依据

### （一）推动人与社会的全面发展

全民健身公共服务的重要基本理论就是人与社会的全面发展。随着时代的变迁，我国

在进入新时代以来，社会经济水平显著提高，人民的生活质量和消费水平也显著提高。为了继续推动人民生活水平的提高，使得人民的健康水平能够与社会发展水平相匹配，促进社会与个人的全面发展，全民健身活动由此展开。而全民健身公共服务是以人和社会的全面发展作为基本理论的，其目的就是促进人与社会的全面发展，并以此为原则制定其服务体系。

因此，全民健身公共服务的基本理论之一就是人与社会全面发展。全民健身公共服务在社会发展的基础上推动个人身体素质的提高，从而提高社会整体的身体素质水平，实现个人与社会的全面发展。

### （二）提升我国国民身体素质

全民健身活动的目的在于提高国民的身体素质，而全民健身公共服务也是以此为基本的理论依据的。

全民健身公共服务体系说到底还是为全民健身这一活动所服务的，因此，二者具有相同的目的和理论上的依据。从理论上来讲，二者都是为了提高国民的身体素质。目前，我国国民的身体素质较发达国家而言仍然处于弱势地位，全民健身公共服务就是为了更加高效地推进全民健身活动的开展，从而达到提高国民身体素质的目的。

全民健身公共服务以提高国民身体素质为基本理论和宗旨，并以此为指导推动全民健身活动的开展，为全民健身活动提供相应的服务和便利。

### （三）建设服务型政府

建设服务型政府是全民健身公共服务体系理论的重要理论依据和目标。我国政府是为人民服务的政府，我国政府坚持为人民服务的原则。全民健身公共服务是以服务型政府的建设作为重要依托的，是我国建设服务型政府为人民服务宗旨的重要体现。

在全民健身活动的开展过程中，政府以为人民服务的原则开展全民健身公共服务的建设，并将之作为全民健身公共服务的基本理论。我国政府是服务型的政府，这是由我国人民当家做主的国家性质所决定的。在我国，政府始终把广大人民的利益放在第一位，在全民健身公共服务的建设过程中以此为基础，建立起面向广大人民，真正为广大人民着想的全民健身公共服务。

### （四）提高我国综合国力

一个国家的综合国力决定了这个国家在国际上的国际地位，因此，提高综合国力是全民健身公共服务体系的基本理论之一。

从本质上来说，全民健身公共服务是服务于全民健身这一活动的，所以二者的出发点和目标是基本一致的。二者都是为了提高我国的综合国力，国家之间的竞争除了政治、经济和文化之间的竞争，还有关于人民群众综合素质的竞争，其中身体素质水平是评价综合素质的重要指标之一。国民身体素质的竞争是综合国力竞争的重要内容之一，因此提高国民身体素质，进而提高我国的综合国力和国际竞争力是全民健身公共服务的基本理论之一。综合国力的竞争对于全民健身公共服务提出了更高的要求，随着综合国力的不断提升，我国的全民健身公共服务必将随之得到大幅的发展。

### （五）推进社会发展趋势

当前的社会发展趋势也是全民健身公共服务的基本理论之一，为全民健身公共服务提供了良好的理论支撑。

就目前来看，我国的社会物质文明建设已经达到了较高的水平，无论是我国的国民平均收入还是国民的消费水平都已经站在了世界的前列。在中华人民共和国成立初期，我国的主要任务是发展经济，对于国民健康水平的重视程度不够高，导致国民身体素质较低，特别是近几年我国的中老年人慢性病发病率又有显著的提高，因此，做好全民健身公共服务，推动全民健身活动在全国范围内广泛开展，提升国民整体身体素质已经是当前的重要工作内容。

我国的全民健身活动开展的时间较短，相对于发达国家来说并没有经验上的优势。而且由于我国幅员辽阔，社会情况较为复杂，要想顺利开展全民健身活动，要以社会发展趋势作为基本的理论依据，建设全民健身公共服务才能够实现成功。

## 三、全民健身公共服务体系标准规划

### （一）全民健身公共服务体系标准的界定

建设公共服务体系标准化指的是政府采用统一、优选的原则标准，通过制定相关标准规范全民健身公共服务体系中存在的问题。目的在于以相应的标准为实施的准绳，提高服务于广大人民群众健身体育锻炼活动的规划、实施与管理的水准及质量，使得广大人民群众获得更好的体验并促进体育锻炼活动科学、正常有序地开展。由此可见，全民健身公共服务体系标准化建设、实施与维护的主导者为各地政府且具备权威性，同时，对服务于广大人民群众的健身体育锻炼活动共享系统进行有效规划、实施、管理、监督与把控责无旁贷。而且在推行全民健身公共服务体系标准化的过程中，各地政府还要针对随时出现的问题，提出相应的解决方案，旨在不断完善与发展服务于广大人民群众健身体育锻炼活动共享系统的功能、作用与价值。除此之外，标准的制定需要涵盖广泛的应用场景，不可偏废，需要具备应用的广泛性、普遍性。进而，在全民健身公共服务体系标准化建立过程中，还应对于实施可能出现的潜在问题有所预判并包含在标准化之中，使标准同时具备衡量当下全民健身公共服务体系实施状况与预防问题的功能。

### （二）全民健身公共服务体系标准的特点

服务于民众的全民健身公共服务体系主要具备以下特点：

第一，基础性服务特点。因为全民健身公共服务体系是将百姓民众设定为服务目标对象群体，因此其标准必须对不同地区不同情况均具有可操作性与普遍的适应性，目的在于能够在全国各个地区推广全民健身公共服务体系的价值与功能。

第二，多样化模式特点。首先，在实际服务过程中，因为各地区广大人民群众对于全民健身公共服务有着不同且多样化的需求，因此，提供多样化、系列化的全民健身公共服务体系标准则成为必然的选项。同时，对于那些无法以定量方法表述的标准，则需要采取定性化且清晰、易懂的方法表述出来。其次，在标准的供给方面，由于不同区域经济技术、人文地理、民俗民风的差异，构成各种不同风格与形式的全民健身活动方式，为此还需要根据各地区不同的全民健身活动特征制定不同的标准内容。

第三，标准的动态化特点。标准的制定与应用是处于动态化的进程中，随着社会不断发展进步、观念的改变以及经济发展的带动，全民健身活动的内容与形式都会进行相应的改变与提升。这就要求我国要与时俱进地根据社会发展以及百姓对健身体育锻炼活动方面的服务要求不断改进与提高。

第四，社会属性特点。全民健身公共服务体系标准是根据广大人民群众对于全民健身活动的需求而制定的，因此对于增强人民体质、增强民族自信与推进全社会营造和谐共生、构建新常态下的社会风尚有着重要的现实意义与指导意义。

### （三）全民健身公共服务体系标准的主要内容

全民健身公共服务体系标准由产品标准、设施与场地标准、组织管理标准、资金与政策标准、人力资源与服务五部分组成。下面简要论述其中三点：

其一，产品标准化。全民健身活动标准化内容指的是全民健身体育活动为广大人民群众提供参加体育锻炼的方法与途径，是全民健身活动的核心内容。健身体育锻炼活动对于百姓培养与提升其身体综合实力、协调能力、与人为善和谐相处以及培养积极向上的心态都具有很重要的作用。全民健身活动是由广大人民群众亲身参与的身体锻炼活动，因此大家在参与过程中对质量、数量、强度将直接产生深刻的感受。全民健身体育活动的标准化确定主要取决于各地区的经济、文化与习俗。为此在制定不同地区全民健身体育活动标准的时候，就需要认真考量不同地区的差异化，制定不同数量、质量、强度、内容、形式等的体育活动标准。只有充分评估不同地区的差异，才能制定出有利于更广范围地推广全民健身的体育活动，实现健身的强国的战略目标。

其二，设施与场地标准化。设施与场地标准化指的是全民健身体育活动进行的体育锻炼设施与场地的标准化，包括百姓健身体育锻炼活动所需的体育器械、器具与场地硬件基础条件。为此，需要特别关注全民健身体育活动设施与场地的实施标准研发以及对应的法律法规与行业规范建设。同时，在全民健身体育活动设施场地运营过程中的科学化监测、维护维修等均需要具备统一且严谨的标准化的操作实施。实施全民健身体育活动设施场地标准的管理团队，也必须严格按照既定的相关标准进行监测、维护维修的技术操作，以满足广大人民群众在全民健身体育活动中对相应体育设施场地的现实需求，使大家得以更好地进行体育锻炼活动，达成安全且高质量锻炼身体的目的。

其三，组织管理标准化。全民健身体育活动需要依靠组织引领与管理而进行。全民健身体育活动公共服务组织结构、职能与职责、制度与工作流程将直接影响全民健身体育活动公共服务质量的高与低。其中，组织的公共服务包含来自各级各地区主管部门、相关公众机构与相应企业。规范与标准的共享服务系统是百姓健身体育锻炼活动的最基本的保障。而且在推进过程中，对于资源整合、规划与实施都发挥着主导作用。

### （四）全民健身公共服务体系规划的施行

1. 全民健身公共服务体系模式

全民健身公共服务体系的实施方式可以划分为政府主导的服务方式与企业参与的服务方式两大类型。政府主要提供以下公共服务内容：首先，在全民健身公共服务体系管理方面主要包括资金与行政领导服务体系、法规制度管理体系、资金投入管理体系、科学研究管理体系、教育与培训管理体系、评估与激励管理体系；其次，在全民健身公共服务体系实施要素方面主要包括健身场地与设施体系、各种运动比赛体系、身体体质监测体系、全民健身公共服务体系、业务管理干部的培养体系、信息管理体系、全民健身公共服务管理组织体系。“公益性”是政府部门为全民健身服务体系提供服务的主导思想，为广大人民群众提供体育健身公共服务设施、保障与服务，目的在于为广大人民群众实现健身强国的国家战略目标，注重的是社会公共利益而非经济效益。在政府部门的主导下，开展全民健身体育活动，既能增进广大人民群众人与人之间的感情交流、协调人际关系，同时又能积极推进“以人为本”和谐社会的构建，它具备全民健身体育活动事业与公益事业的性质。全民健身公共服务体系将采取优化各地区公共财政支出体制，将社会公共服务支出列为工作重点。而且积极构建服务于广大人民群众体育健身的教育培训体系，以撬动更多资源服务于全民健身公共事业。因此，各地区政府应发挥融通资金投资、场地与设施投入以及配套的保障措施与信息服务等政府职能。

为了补充各地区政府财政方面的不足，需要充分发挥社会非营利组织在全民健身公共服务体系建设与发展过程中的有力支撑作用。而且推动非营利团体参与其中，对于各地区的劳动就业、相应资金使用的透明度与合理性均将体现出切实可行的操作与管理。全民健身公共服务体系的企业参与方式，则是遵循市场运作方式而构成的一种模式，其目的在于为广大人民群众提供全民健身体育活动中不同个性化且多样化的服务。对于不同社会层级所需要的多元化全民健身公共服务需求，各地区需要在政府的统筹协调下，发挥市场服务主体的功能以满足各类需求。该模式主要提供以下类型的产品与服务：全民健身公共服务体育产品方面，包括体育健身娱乐场所与设施、体育运动随身装备类产品与服务、体育竞争性表演活动服务、体育医疗类型服务、体育运动培训类服务、体育旅游产品与服务、体育广告与媒体产品与服务、体育保险市场的产品与服务等；同时在投融资方面、人才方面以及场所租赁方面进行服务。在市场化全民健身公共服务体系运行管理过程中，其价值在于提供相应的全民健身体育活动。在实际操作过程中，企业需要设计承接企业战略规划与发展的组织架构、法人治理结构以及各层级组织体系与职位体系、岗位目标绩效与薪酬体系以支撑企业战略规划与战略经营目标的实现。

在确立了组织保障体系的基础上，需要确立人力资源保障系统对运营体系进行支撑。因此，需要升级既往人事管理方法，建立当代人力资源管理体系，从人才战略规划入手，在人才的“选、用、育、留、汰”5个方面设计人力资源管理模式。在企业市场营销管理系统，企业需要建立起当代以全民健身公共服务体系需求为目标市场的市场营销管理体系。以全民健身公共服务体系需求市场的充分调研和分析为基础，将市场需求根据实际需求划分为相应的市场需求子系统，即需求条件不同的细分市场。然后根据企业自身的能力与条件，找出并确定自身应该向其提供产品与服务的目标市场。之后，根据目标市场对产品与服务的需求而设计、研发对应市场需求的产品与服务，有的放矢地制定市场的营销管理方案。并且需要在为全民健身公共体系提供各类服务过程中，着力搭建质量管控体系，确保产品与服务的质量符合相关规范的标准与要求，以确保广大人民群众在全民健身体育活动过程中的安全。全民健身公共服务体系非营利性组织所提供服务的主要内容为：全民健身公共服务体育基金、各地区体育总会与全民健身体育公共训练中心服务、体育科学与社会方面的服务、体育与休闲娱乐服饰类型的产品与服务等。

2. 全民健身公共服务体系均等化

在全民健身公共服务体系推广与实施过程中，因各地区经济、技术与文化的差异，均等推行所提供的服务就显得非常重要。而全民健身公共服务体系均等化主要指的是：首先，各地区主管部门如何运用服务于公众的各项资源以满足百姓健身体育锻炼活动的需求，针对其需求为其提供均等的公共体育健身产品与服务。对于全民健身公共服务体系提供均等化服务而言，使广大人民群众享有均等的全民健身公共服务尤为重要。全民健身公共体育服务体系均等化包括三个方面的含义。

第一个方面是基准化体育健身服务。在新常态下，体育权的观念已经在全球范围被广泛接受，因此体育权则成为人权保障，进而成为应有的权利。同时自由、平等与消除歧视已成为全民健身体育活动的权利基础，也是落实广大人民群众人权与体育权的重要方式之一。为此，规划、实施与管理全民健身公共服务体系是一项重要的历史使命。

第二个方面是全体广大人民群众具有公平获得同等体育健身锻炼条件的资格。尽管每个人出生在不同的家庭环境、历史环境与社会环境，同时每一个人所持有的禀赋与资源与社会地位也存在很多差异，但并不妨碍每个人都能获得应有的、公平的体育锻炼条件。因为全民健身公共服务体系是各级各地区政府利用公共资源为民服务的，所以所运用的这些全民健身公共服务资源本身就具有着公共的属性。

第三方面是均等与公平化，并不等同于平均化的行为，也不是绝对相同的意思。广大人民群众享有全民健身公共服务均等化的服务，规划与实施的前提条件是各级各地区政府要根据所处地区的具体条件与实际情况，在基础水平的条件下向广大人民群众提供规范与合理的服务。这里所涉及的实际情况与条件主要包括各地区自身的经济与社会发展现状、地域特征、风土人情等。为此在各级各地区政府主导下所提供服务的公平与均等，更多指的是在基本条件允许的范围内提供与创造出均等的公共体育健身服务机会。

与此同时，因为每个人的差异是客观存在的事实，所以在享受各级各地区政府所提供的全民健身公共服务之均等的情况下，也不会完全构成绝对等同的结果。因而这里论及的全民健身公共服务均等化的结果，也只能是一种相对均等的结果，而不是绝对均等的结果。因此，我国需要着力从以下几个方面进行规划与实施：

其一，各级各地区政府有关部门必须重视转变公共服务职能方面的工作。全民健身公共服务完全属于公共服务的内容范畴，因此这项工作的主导部门就是各级各地区政府的相应职能部门。政府的职能部门承担着提供公共服务的职责，其使命就是要运用其掌管的公共资源来为广大人民群众提供公共服务。在向“服务型政府”战略转型的过程中，各级各地区相关政府部门需要进一步强化“公共服务”的神圣职责与使命，坚决杜绝在履行提供公共服务职责过程中出现失位与错位抑或越位的现象。为此，在规划与实施向广大人民群众提供全民健身公共服务均等化过程中，必须要以转化政府职能为基础，这是保障正确地运用公共资源提供全民健身公共服务最根本的也是最重要的条件。

其二，规划并确定服务内容与标准。全民健身公共服务体系规划与实施的均等化内涵在很大程度上指的是对实施过程中均等状态的一种描述，这种状态在实际工作过程中既不是脱离均等的客观存在，也不是一切完全大同，均等的状态是需要相应标准而进行衡量的结果。因此，建立全民健身公共服务内容与标准才是实现各级各地区政府向广大人民群众提供均等化服务的前提条件。在确定全民健身公共服务的内容和标准时，必须以广大人民群众所需要的公共服务为基础，并且还需要参照经济社会发展水平，通过科学调查与研究才可以确定相关的适应范围与合适的标准。各地区应制定并提出一系列全民健身服务体系深度完善的具体举措，充分考虑城市社区和农村差异化特征，规划设计相适应的全民健身体育活动、健身路径与创建小康体育村方法等。制定公共体育场馆设施逐步取消收费的操作时间表，对于社会单位体育场馆设施也同样需要制定逐步对外开放的进度工作时间表。规划各地区人均体育场地面积达到一个测评的数据，参与全民健身体育活动的人口与广大人民群众体质合格率达到一个符合国家相应健身计划的标准数据。上述一系列的规划与实施，必须纳入全民健身公共服务均等化相应的内容与标准之中。

其三，各级各地区政府相关部门需要统筹城乡区域发展平衡结构。目前，我国经济与社会发展进程中存在阶段性城乡与区域之间相对差异化的结构与相对不平衡的现象，这是我国规划与实施全民健身公共服务体系实现公共服务均等化所面临的主要问题。要想缩小城乡以及区域之间在全民健身公共服务方面的差距，就要根据各地区的实际情况，为相对发展滞后的区域提供政策与财政方面的支撑与扶持。政策性支撑与扶持是基于城乡与各区域之间广大人民群众享有均等权利而非歧视性的行为。各地区城乡与区域之间的既有的行政区域划分是统一的，并非割裂的状态。各地区在规划与实施全民健身公共服务体系计划过程中，应采取协调操作模式而非偏袒模式。我国全民健身公共服务规划与实施均等化的操作方式，就是从根本上为各地区广大人民群众谋求均等的全民健身公共服务地位。各级各地区政府相关部门进行统筹城乡区域全民健身公共服务发展与促进的目的就是要为百姓营造均等的条件，使民众都享有共同的体育与健身的权利，而且还可以获得相应的体育健身成就与成果。因此均等化推广，不仅仅是实现了全民健身的发展，而且还将取得以健身体育为载体的民族大团结与融合的社会主义精神文明的丰硕成果。

其四，公共服务系统规划与实施机制的完善。规划与实施全民健身公共服务均等化，将成为一项惠及广大人民群众的重要举措。而且涉及的人群之广泛、地域之广阔、部门之众多、内容之丰富以及时间之长远，堪称一项超大型的系统化工程。不断优化与完善全民健身公共服务体系的均等化运行机制，将成为实现全民健身公共服务均等化战略目标的重要手段与措施。在推进全民健身公共服务均等化规划与实施过程中，最为核心的则是能够保障公共体育资源可以以均等的方式进行分配，对于推行公共资源均等化投入采取一系列措施，还要对公共资源均等化投入操作的实施结果进行有效评估。在构建服务均等化的进程中，进一步完善相应的运行机制，目的在于全民健身公共服务体系通过均等化运行以实现其应有的效率与效果。

## 四、全民健身公共服务体系理论的意义

### （一）作为全民健身服务体系建设的理论支撑

全民健身作为一项巨大的工程，涉及全国的各大城市，全民公共服务体系的建设也是一项巨大的工程，需要在一定的理论支撑之下进行建设，否则就会滋生乱象。

全民健身公共服务体系理论为全民健身公共服务各项工作提供了理论上的支持，从理论层面上验证了全民健身公共服务的合理性和可行性；并且对实行全民健身公共服务各项工作进行了理论上的指导，论述了全民健身工作由谁来指导、有谁参与以及该如何进行。全民健身公共服务体系理论为全民健身公共服务的建设提供了一个大的框架，在此基础上国家和政府对于全民健身的服务进行建设，确保全民健身公共服务的各项工作严格按照其基本原理进行，确保全民健身的公共服务符合我国的基本国情以及我国人民的切实需求。

### （二）指导建设全民健身公共服务体系

全民健身公共服务体系应该如何进行建设，应当遵循怎样的原则，这一切都需要理论

的指导。

我国的服务型政府确定了全民建身公共服务要以为人民服务为原则，切实考虑广大人民的利益。这也是建设全民健身公共服务体系的理论基础，正是我国政府的服务职能决定了必须进行全民健身公共服务的建设，而且全民健身公共服务的建设必须是由政府作为主导的。而我国人民民主的国家性质决定了全民健身公共服务必须是由全体人民共同的参与才能够取得成功，这为全民健身各项工作的进行提供了原则上的参考。基本理论体系对全民健身的范围、对象进行了界定，确定了全民健身服务体系涉及各个部门的共同参与，需要各个部门的共同合作，共同完成全民健身公共服务的建设。

### （三）为全民健身服务体系建设发展提供动力

全民健身公共服务体系理论不仅为全民健身公共服务提供了方向，同时也为全民建身公共服务的建设提供了动力。

全民健身公共服务体系理论确定了全民健身公共服务的动力来源是全体人民，只有坚持为人民服务，切实维护公民的健身权利，得到人民的支持，全民健身才能够得到源源不断的动力。全民健身的另一动力来源是各个部门的共同发力，就是要在各个部门的共同发力之下，实现资源的共享和协调发展，只有这样才能够实现全民健身公共服务在各个领域的共同发展。

全民健身公共服务体系在理论层面上分析了全民健身公共服务建设的动力来源，为全民健身公共服务提供了理论上的支持，有利于全民健身公共服务发掘潜在的动力来源，为全民健身活动的推行提供源源不断的理论支持。

## 五、全民健身公共服务体系理论的优化策略

### （一）深化实践，不断完善系统理论

目前，全民健身公共服务体系理论存在的问题就是缺乏系统化的体系，究其原因就是经验不足、缺乏实践。

实践是检验真理的唯一标准，同时在实践过程中也能不断丰富相关的理论知识。在全民健身公共服务的具体实践中，要积极地积累相关的经验，在实践中不断丰富和检验相关理论的内容。对于在具体实践中遇到的问题要及时做出总结，寻找解决方法，做好记录，完善理论系统的内容。

除此之外，要建立系统化的理论体系，要坚持科学的方法论，坚持以科学的头脑组织相关理论体系的建设。将收集的相关理论通过专业的手段进行汇总，将这些理论进行归纳和融合，使之形成系统化的理论体系。要组织好全民健身公共服务基础理论的研究工作，及时研究相关的理论，将相关的理论进行整合，形成科学化、系统化、一体化的理论体系。制定统一的使用标准，建立起涉及全民健身公共服务方方面面的理论体系，并使这一体系渐趋成熟。

### （二）学习先进经验，建立专业化团队

我国的全民健身公共服务理论体系建设目前比较大的问题就是缺乏先进的经验、缺少专业化团队的指导。由于这二者的缺乏导致我国的全民健身公共服务体系建设缺乏科学性和专业化的理论作为支撑。

因此，要想做好全民健身公共服务体系理论体系的建设，首先就是要学习国外的先进经验。与我国相比较，西方发达国家全民健身运动的发起时间早，经过了较长时间的经验积累，有着明显的经验上的优势。我国应当从国外的全民健身公共服务体系基本理论中借鉴相关的先进经验，与我国的具体情况相结合，制定更加完善的理论体系。其次，就是政府应当组织一支专业化的团队，招募有关人才，由有关人才来参与相关理论的研讨。经过专业团队的专业指导，全民健身公共理论体系的建设将更加具有专业性。

### （三）结合实际，使相关理论更加符合实际

要想解决全民健身公共服务基本理论存在的问题，一定要结合实际，使全民健身公共服务体系理论制定更加符合实际情况。

首先是要坚持“区别化”对待，就是对于不同的情况制定不同的方案。这是由我国复杂的经济文化背景所决定的。排在首位的就是城乡之间的差异，相对来说，由于城市经济较为发达，各方面建设的完成程度都比较高，因此在城市全民健身公共服务的建设阻力相对来说较小。但是在广大农村地区，由于各个方面的建设都比较落后，经济水平、人民的生活水平和文化水平都比较低，推行全民健身服务体系在农村地区的建设需要更为强大的理论支撑，仅仅靠简单的政策支持是远远不够的，还需要更加贴合我国农村实际的理论支撑全民健身公共服务的推行。其次，我国是一个多民族的国家，少数民族数量众多，很多普遍的关于全民公共服务体系的基本理论对于少数民族地区来说并不适用。因此，还要结合少数民族的具体实际来进行相关的理论制定，总结出符合少数民族具体情况的全民健身

公共服务的基本理论。

## 六、全民健身公共服务体系理论的应用原则

第一，在做好社会服务体系建设的同时做好个人的服务。全民健身活动不仅是一项面向全社会的方针政策，更是为了提高公民个人身体素质，改善国民健康水平。因此，在全民健身公共服务体系的建设之中，不仅要考虑到社会效益，更要体现人文关怀，坚持以人为本的原则。在全民健身公共服务的推行之中要切实考虑到公民的个性化问题。首先是青少年的服务问题。青少年是祖国的未来，全民健身公共服务的重点关注对象应当放在青少年的身上。这就要求加强公共服务在学校中的建设，在学校设立站点，帮助并引导学生进行体育锻炼。加强对于体育老师的培训，以期更好地教授学生体育知识。其次是老年人的服务问题。老年人作为弱势群体，应当给予照顾，需要专业的指导，避免不正确的锻炼给身体造成的伤害。在全民健身公共服务的建设中，要以人为本，只有做好个人的服务，才能取得良好的社会效益。

第二，全民健身公共服务要以提高国民素质为目标。全民健身公共服务的最终目标就是提高我国的国民素质。身体素质是国民素质的重要内容。根据相关研究显示，目前我国冠心病、高血压等慢性疾病的发病率显著提高，究其原因就是国民的身体素质有待提高。提高国民素质既是全民健身公共服务的目标，也是全民健身公共服务存在的意义。因此，在构建全民健身公共服务体系的过程中应围绕提高国民身体素质来进行公共服务的建设。在服务体系中，要注重提升公民身体素质，制定出针对我国国民体质情况的服务体系。

第三，加强政府服务职能，建立为人民服务的服务体系。在全民健身公共服务的建设之中，要进一步强化服务型政府的建设，加强政府的服务职能，始终坚持为人民服务的原则，切实维护人民的利益。政府要做好服务，通过优惠的政策支持我国公民参与全民健身的相关活动，为群众提供更加优质的服务。要切实考虑到人民的健身需要，在人群聚集地区做好健身基础设施的设置工作，确保群众能够就近享受到全民健身带来的服务。除此之外，还要在社区和各个街道设立专门的咨询和服务机构，为群众提供有效的服务，并指派专业人员为群众的健身活动提供专业化的指导，加强知识宣传，确保每一位群众都能够享受到政府的服务。

第四，建立国际化服务体系，提高国际竞争力。对外开放是发展的快速途径，因此，推动我国全民健身公共服务的对外开放，制定国际化的服务体系，提高我国的国际竞争力是全民健身活动发展的必然趋势之一。要想实现我国全民健身公共服务体系的国际化，首

先要设立国际化的标准，要使我国的全民健身公共服务与国际接轨。这就要求进一步制定更高的全民健身公共服务标准，提高全民健身公共服务的服务能力，从而推动我国全民健身的发展，使我国的全民健身活动站上国际化的舞台，提高我国的国际竞争力。

第五，顺应社会发展趋势，不断创新服务体系。创新是发展的动力，要想推动我国全民健身公共服务不断发展，那么在全民健身服务体系建设的过程中就要不断创新服务体系，紧跟时代发展的步伐，要在时代的发展之中抓住时代发展的趋势，根据不断变化的趋势做出调整。首先是体制的创新，要根据我国居民的当下需求以及群众的生活方式对于全民健身公共服务的体制做出调整，根据人民发展需求进行创新。其次是内容创新，要根据不断发展的社会现状和群众提出的多样化需求及时对全民健身公共服务体系做出内容上的创新，确保公共服务切实为人民服务。最后是方式的创新，要根据社会的需求和当前科技的发展对全民健身服务体系进行创新，运用先进的科技成果优化公共服务的服务方式。

## 七、全民健身公共服务体系理论未来的发展趋势

第一，将更加现代化，更加符合时代发展的要求。当今社会是飞速发展的社会，全民健身公共服务的基本理论必然将会随着现代化的不断发展而发展，其内容将会更加现代化，更加符合时代发展的要求。在未来的发展过程中，全民健身公共服务体系理论将会吸纳更多最新的研究成果和理论成果，丰富自身的内容，使其相关理论更加符合现代化的要求。

第二，将更加以人为本，切实考虑到人文关怀。随着社会的发展，我国的民主水平将进一步得到提高。在未来的全民健身基本理论之中，人民的地位将更加突出，以人为本的观念将更多体现在全民健身的公共服务体系之中。因此，在未来全民健身公共服务中的人文关怀将更加突出，人文关怀的真正含义是人性关怀，对人精神方面的重视，对人的尊重等。人文关怀的核心在于肯定人性和人的价值，要求人的个性解放和自由平等，尊重人的理性思考，关怀人的精神生活等。在思想政治工作中，人文关怀是指尊重人的主体地位和个性差异，关心人丰富多样的个体需求，激发人的主动性、积极性、创造性，促进人的自由全面发展。而我国未来的全民健身公共服务必将使人文关怀精神进一步得到发扬，提倡发扬国际人文关怀的精神，使得我国的全民健身活动更加符合国际化标准。

第三，将更加科学、更加完善。随着科技的发展，最新的科学成果和技术将被运用到全民健身公共服务的基本理论之中。而随着科技的推动，全民健身的公共服务建设将更加成熟，其理论也将会更加完善。

## 八、全民健身公共服务平台发展现状与优化建设

### （一）全民健身公共服务平台发展现状

21 世纪以来，人民在追求物质生活的同时，也对精神生活有了较高的追求。因此，全民健身运动在中国很快得到了普及，带有很强的公众参与性。全民健身活动是体育活动中最重要的构成，无论是内容上还是性质上都十分符合体育的要求。2017 年颁布的《中华人民共和国全民健身条例》（以下简称《条例》）适应了人民日益增长的体育文化需求，同时还贯彻落实了“以人为本”的发展理念。此外，《条例》还促进了全民健身运动的发展，推动了全民健身运动的技术改革。深入开展，广泛运用各种全民健身运动资源，为群众健身的服务提供保障，在这一系列活动进行的过程中，反映出来的是政府对全民健身运动的关注程度，对人民健康的扶持水平。此外，政府全民健身服务网站的信息量大，涵盖内容广，涉及领域多，受到了许多年轻人的青睐。但是美中不足的是，政府对于这些全民健身资源没有进行合理的配置，使得一些资源没有得到合理的利用和发挥作用，信息获取不对称，降低了人民对于健身运动知识的了解，从而降低了效果。因此，保障全民健身知识的有效利用和充分供给是现阶段政府需要做的工作。

从需求和供给这方面来探讨问题，公共的需求包括对健身活动的需求、对健身场地的需求、对健身器材的需求、对健身资源的需求、对健身安全的需求等一些相关的服务和需求。从信息的内容和对信息的需求进行分析，通过研究分析可以发现，用户对于健身赛事的活动类型、活动器材、活动场地等方面的内容比较关注，同时对健身本身也有着他们自己很独特的想法和兴趣。人们除了对一些健身活动知识有着非常浓厚的兴趣外，对一些健身养生知识、体育赛事知识也相当关注，他们喜欢去深入了解这些话题，并将这些话题和自己的生活结合起来。而与之相关的场地等一些基础设施的相关内容也成了人们讨论的焦点，尤其是对于体育相关基础设施的安全性，一些质量检验部门也对这方面加强了重视。

### （二）全民健身公共服务平台优化建设

信息服务要从多方面去考虑，由于不同级别的城市信息服务的水平不同，并且用户需求行为也影响着信息服务，人民对于信息的需求是从总体需求出发，它包括用户已经掌握的信息，以及还没有了解的信息，对于已经知晓的信息用户不用过于关注，重点是如何获取尚未了解的需求信息，只有这样才能够把握用户需求行为。构建信息服务平台一方面能

够节约供给服务的成本，另一方面可以让用户更加满意，提高体育部门对其他公共基础服务的水平。当前，全民健身信息服务供给存在一定的问题，主要是提供哪些服务信息给群众，并且到底需要提供多少，这就需要深入了解用户的需求及体验，使得供求和需求有机结合起来。通过查阅相关文献资料，主要包括以下三个方面功能建设的策略：

第一，提高全民健身赛事活动信息的供给效率。通过分析当前国内的全民健身公共服务平台，体育活动信息的安排并没有独立列出来，而是穿插在不同的信息之中，并且一些全民健身公共服务平台上的信息内容并不完善。这样并不会引起群众的重视，容易被忽略掉，所以，服务平台在对赛事项目进行分类的时候，应该从赛事热点或者月份入手，并在每一篇简讯上注明大体内容；要保障信息的时效性，利用站外链接，对需求分布提供相应的信息服务，这样一方面可以提供准确全面的信息服务，另一方面可以降低页面内容繁杂的程度。

第二，不断地完善全民健身场地设施信息。健身场地设施信息和全民健身运动组织开展之间有着不可分割的联系。生活服务和出行服务主要依赖的是地图的基础数据库资源。通过浏览 GIS，首先对用户所需全民健身场地设施信息进行大体了解，然后对其整合和叠加，让用户对体育健身场地做出判断，了解场地的分布情况和具体位置，当然包括平面的和立体的构图。此外，借助地图的缩小和放大功能对周边环境进行了解，为用户提供周到舒适的服务体验，满足不同群体的多样化需求。虽然有一部分健身公共信息服务平台拥有较为全面的地图信息，但是，这些平台依旧存在很多问题，如对场地的检索标识方式不完善，大部分的索引是通过热门程度来进行推荐的，缺少进一步对场地信息的筛选，包括消费水平以及距离的远近程度等。所以，进一步完善场馆的检索功能，还应该对用户信息进行细致的筛选。事实上，大多数场馆的信息并不完善，甚至有的场地信息内容与现实情况不相符，存在欺骗消费者的现象。因此，工作人员应该加大对健身场地设施信息审核的力度，并建立一个信息反馈平台，及时了解用户的反馈情况，这样对体育基础设施场地进行全方位多层次的定位，让全民健身信息用户监督，维持信息市场的良好环境。除此之外，还应该加强全民健身场地设施信息与手机等电子设备的关联，这样就可以让用户及时有效地接收到其他用户的用后体验，拉近人与信息、场地之间的距离，真正为用户提供便利，促进全民健身服务的发展。

第三，传播科学、有效的全民健身知识服务信息。目前，人们对于健身运动还存在一定的误区，主要是由于缺乏相关的科学健身常识，还有的健身观念比较落后。通过对健身知识服务信息的了解、全民健身网站对健康知识的宣传和推广，人们对于健身知识的掌握逐步提升。全民健身公共信息服务要提供全面、准确有效的健身知识，如各种大众科学的健康教育知识，还需要结合群众的健身需求，安排报刊的编辑人员为大众提供个性化的服务。可以每周定期开展专栏文章，并且做到每篇文章附加个性化的标签，为不同健身群体提供阅览方便，对信息进行整理、归纳和总结，激发人们对健身这一大众活动的兴趣。全民健身知识在一定程度上反映着全民健身运动的效果，而这种知识涵盖着社会生活的各个领域，如果能为用户提供科学、有效的健身知识，保证其权威性，这样势必会提高信息服务的效率。因此，在整理全民健身知识信息时，要认真对信息进行审核，明确不同信息的来源，保障信息来源的准确性，从而提高网站的科学严谨程度。

从综合的角度出发，必须要保证全民健身公共服务网站信息的利用性和共享性。从效益的角度来考虑，要尽可能地保证体育信息服务资源获得最大的经济效益，减少不必要的信息消耗，充分发挥信息资源的利用价值。从市场及管理机制出发，应该合理平衡供求的关系，明确不同网络信息资源的规律和特点，协调均衡资源配置，建立起全国性信息服务网络，同时，还需要增加与不同国家资源信息交流的机会，实现网络信息的共享，完善相应的体系。从人文角度考虑，对信息资源的结构和布局进行创新和优化，保证信息的时效性，还要完善信息来源的途径，使全民健身公共服务网络信息能够及时、准确、有效地传递给大众。

## 九、我国全民健身公共服务整体性治理工作

在我国全面深化改革的初始阶段，社会转型面临诸多的社会问题，最终形成了推动国家治理体系和治理能力现代化的总目标，而这一总目标的提出一方面将全民健身公共服务确立为国家战略，为我国发展体育改革提供新方向、新定位；另一方面，不可避免的问题也显现出来，如公共服务中的供给能力不平均、供给需求碎片化、整体服务水平低等。针对这一系列问题，应形成理论联系实际的创新性研究，即以学习西方国家全民健身公共服务整体性治理理论为基础，结合我国全民健身公共服务的实际状况，对我国现有服务中的供给主体、政府决策以及公共服务水平进行深入研究，最终达到解决问题的目的。

### （一）全民健身公共服务的整体性治理理论

整体性治理理论最早是针对碎片化问题而提出的，它是将政府和社会有机结合形成了创新型治理理论机制，并变革了部门间原有的合作模式，形成了跨界合作的新模式。目前，我国全民健身公共服务运用整体性理论，从原来的以政府主体为主的单一供给模式逐步转变为同社会各界共同合作的模式，在这一理论下的公共服务中，内容更加多元化，跨

界性等特征更为显著。由于原本经验的缺失与不足，各界供给者之间的特性与职能在实践中出现重复、冗杂、内容模糊等现象，使得全民健身公共服务水平有所下降，因此以整体性治理理论为切入点，以重点解决以上问题为主，在创新性的视角上去进行我国全民健身公共服务的探究。

整体性治理理论指的是把公民需求作为最根本的保障，借助网络技术手段，充分发挥责任治理机制的作用，对政府主体管理机构协调性差、工作效率低下、公共服务碎片化、各界功能重复混乱等问题进行针对性处理和整合，最终使其成为具有有序性、集中性、整体性、科学性以及有效性的公共治理模式。整体性治理理论提出的目标在于运用信息技术对各部门功能进行整合与协调，使得各部门在跨界协作中相互融洽以完成统一的目标。

全民健身计划这一重要举措在于提高我国国民的身体素质水平，并进一步达到满足国民精神物质文化需求、丰富社会生活、提高全民体质保障的要求。而公共服务则是政府和各界组织以满足国民需求为导向，以满足各类社会活动需求为宗旨，以提供无偿或低价的公共物品和服务为举措的行为方式。因此，全民健身公共服务既可以保障国民健身利益和健身计划目标的实施，又可以使国民参与体育健身的权益得以实现，形成政府行政部门导向，依照法定权责，运用各种方式方法使得社会资源得以整合，从而提供形式各异的公共服务。政府各种部门、民间非营利和营利性的体育社会组织均为全民健身公共服务的供给者，它们之间的跨界协作和相互作用也就构成了一个完整的全民健身的公共服务体系。然而在体系发展的过程中，因各界供给者之间特性与职能的不同，出现职责重复、冗杂、内容模糊等现象，使得全民健身公共服务水平有所下降，导致多种体系建设供给无效和供给不足，使得碎片化问题愈演愈热。

整体性治理理论是解决全民健身公共服务体系供给碎片化问题的有力依据，不断发展的高科技催生下的信息技术产物是解决供给者间信息管理系统协同一致的有力工具，在这两者的影响下整体性治理理论已趋向成熟，由无序到有序，由分散到整体地为社会各界提供服务需求。在服务理念发展之下，社会各界相关部门形式和模式上基本达到解决公共服务供给碎片化问题的水平，但其本质的发展还未成熟，依旧与政府与时俱进的政策实施相背离，只有政府自营已经不再适应时代的发展，而这一弊端带来的影响已在社会各领域凸显，这为解决公共服务体系供给碎片化问题敲响警钟，更加需要政府与社会组织联合的力量来承担职责应对问题，促进提升全民健身公共服务的质量。

### （二）全民健身公共服务整体性治理施行措施

自推动我国全民健身公共服务以来，社会形势日益严峻，同时面临着人民群众日益增长的物质精神需求与当前水平不匹配的矛盾，政府和社会体育组织中的供给碎片化问题亟待处理。从整体性治理理论出发，把公民需求作为根本，利用信息技术的手段，采用责任治理机制，为全民健身公共服务中出现的问题提出了有效的措施。

1. 整合全民健身公共服务供给主体，以形成协同供给机制

政府不仅是社会资源的管理者，同时也是全民健身服务的提供者。在全民健身公共服务体系中，首先要充分发挥政府部门的领导作用，协调好各层级与各部门之间的协作关系，也就是以“横向部门与纵向政府结合，合作与协调相适应”为特点的行政模式，其横向部门整合表现在以提升政府工作效率水平为根本，对职责重复、浪费资源部门进行的调整与拆合。其次，提升社会体育组织的供给能力。由于存在多数以民政结合为特点的社会体育组织，并在一定程度上阻碍了社会化的原本发展，并使得全民健身公共服务的社会供给发展受到限制和制约，因此需要对其进行改革，以增强社会体育组织在全国建设的力量。从社会体育组织内部进行改革，去除原有依靠政府的模式，做到以国民需求为导向，全面提升社会体育组织内部的管理水平与发展能力，增强全民健身公共服务的科学性发展能力。此外，社会体育组织还应从人才资源方面入手，组织员工定期进行专业培训与学习，促进公共服务体系人才的建设，实现服务人员与管理人员间的双高业务能力，从而确保供需平衡。

政府与社会体育组织的碎片化问题得以解决后，将增强政府、企业、社会三者之间的共同协调与合作供应能力，并形成一个高效的公共服务供给模式。以信息技术为治理手段，广泛运用在全民健身公共服务的信息传递渠道。构建一个共享全民健身公共服务的数据库以反映出具体量化的信息结果，实现政府与社会组织之间的信息共享，达到规范供给服务规模数量的目的，并提供高效的供给。此外，政府可以通过从社会体育组织中购买公共体育服务带来资源上的共享以及达成两者的互补关系，以形成政府与社会共同协作的供需平衡机制。

2. 以信息化供给拓宽公众决策渠道，引导公众积极参与

政府需要建立起网络化的居民体育健身需求表达机制，将全民健身公共服务的信息公开给群众，实现信息的相互交流，然后共享给其他社会群体，这样不仅可以把信息直接传递给群众，而且还可以监听和采集群众对于健身活动的意见，最终为健身网络信息平台当中存在的问题提供改进办法。政府需要积极利用网络平台进行宣传，如微信、微博等，激励并刺激群众主动地对全民健身进行监督，可以采取领导邮箱、问卷调查、网上听证、建议留言等方式。

此外，政府需要对群众的网络健身信息进行必要的回应，通过不同的方式对群众的意见进行及时的接收和处理。网络信息平台，有效地完善了我国全民健身网络平台，为大众投入到体育活动中提供了有力的保障。此外，完善全民健身公共服务的信息管理机制有多种途径，其中最主要的是信息公开体系和公众需求科学识别体系。在这一平台中，加入信息处理的模式，构建完善的群众综合评价体系，有利于准确地分析群众的体育需求，并对其进行科学的定位，为公共服务的决策提供基础。最后，根据相关的制度体系对公共服务信息的渠道和方式进行规范管理，建立起相应的接收和反馈信息的平台，保证信息的科学性，推进网络信息的普及和推广。

## 十、全民健身公共服务体系法律规划

各级各地区政府相关部门旨在保障广大人民群众基本的体育锻炼活动的权利，满足日益增长的对体育服务的需求，投资兴建的公共体育场所、设施，健全与不断完善全民健身公共服务体系的法规、政策、制度规划与建设，使得我国广大人民群众的健身公共服务体系在建设、管理过程中做到有法可依、执法必严、违法必究，确保广大人民群众所享有的健身公共服务体系健康与有序地发展并为全民健身提供优质服务。

### （一）构建全民健身公共服务法治体系的必要性

全民健身公共服务体系主要由价值定位、法律依据、运行保障、权力监督、评估反馈和行业自治六个方面组成。

在价值定位层面，将全民健身公共服务体系作为人们追求幸福、享受快乐生活、增进健康生活方式、培育全民健身的社会氛围和法治环境的一种保障与服务。

在法律依据层面，以加强群众健身的宪法保障为前提，把全民健身国家战略用法律形式确定下来，使全民健身的主体、活动和行为都有法律保障，通过行政法规、地方性法规和政府规章制度落实全民健身的法律规定，利用政策融合政府、社会和市场资源，形成合力，发展全民健身。

在运行保障层面，在体育组织、场地、经费、活动等方面合理配置资源，创造条件有效推动全民健身公共服务体系的发展。

在权力监督层面，明确全民健身公共服务体系建设与管理清单，规范权力行使范围，限制权力行使的裁量权界定，实行重大项目行政决策合法性审查机制和责任追究机制，建立行政监督、司法监督、监察委监督和社会监督一体化的权力运行监督体系。

在评估反馈层面，通过全民健身活动状况调查，贯彻实施检查等机制，综合调查结果，向上一级部门及时、准确、完整地反馈调查结果，切实加强全民健身公共服务建设与实施管理政策法规执行效果评估，发挥评估反馈作用。

在行业自律自治层面，尊重体育的特殊性，发挥体育的社会组织功能，加强体育志愿者队伍建设，形成职业体育反哺群众体育的机制，利用社会和行业的力量全面推动全民健身公共服务的国家发展战略。

## （二）建立健全全民健身公共服务体系法制环境

首先，创造服务于全民健身公共服务体系健身的法制环境，一方面可以实现政府部门实施国家相关全民健身公共服务方面的发展计划，并在调动技术、人才与资金方面发挥作用，使得政令畅通、实施效率提高；另一方面，有利于依照法律法规以规范全民健身公共服务体系建设管理过程中的问责权利，构建领导统一且协作成长的和谐发展势头；同时还可以监督服务于广大人民群众健身体育活动过程中的公共服务设施、场地以及综合性体系建设，对管理阶段出现的差错予以纠偏、纠错。

其次，法律法规与政策都存在实施推行的条件与环境，为此，应与时俱进地不断提高服务于广大人民群众健身活动的公共服务体系建设与管理的法律与政策性工作的水准。这对于服务于广大人民群众健身活动的公共服务的建设与管理，具有重大的历史意义与现实意义。在确保服务于广大人民群众健身活动运作系统的规划、实施与管理过程中的制度体系、法律体系与配套政策推行时效性的同时，还要确保全民健身公共服务体系建设与管理相关的法律法规与政策的可实施性。只有确保落地实施，才能使相关的制度保障、法律保障以及政策保障在全民健身体育活动的公众服务系统规划、实施与运作管理过程中发挥监督与规范作用。

与此同时，还必须注意到，各地区由于实际情况与条件不同，在上级政府下达相关全民健身公共服务体系建设与管理的文件指示后，各地区政府机关需要根据本地区的实际条件与具体情况研究并设计出台具有针对性的解决方法与措施。

## （三）完善配套法律法规政策并做好推广与宣传活动

我国的体育法仍在不断完善过程中，当进入全民健身活动成为国家战略的时代，那么全民健身条例配套出台一系列相关法律法规已成为当务之急。为此，今后将逐步强化服务于广大人民群众健身体育锻炼活动的公共系统规划、实施与管理过程中的制度体系、法律体系以及政策体系，以保障在服务于广大人民群众健身体育锻炼的系统运作过程中更加精准地依法依规实施操作。在进一步建立健全有关服务于广大人民群众健身体育锻炼活动的运作系统所配套的制度系统、法律系统与政策系统基础上，加强对百姓健身体育锻炼公共服务共享系统相关的制度、法律以及政策的普及与推广宣传显得尤为重要。

目前，广大人民群众对于全民健身活动均有着比较深刻的认知，但是对于全民健身公共服务体系建设与管理的认识并不全面，对服务于广大人民群众健身体育锻炼活动共享系统的运作管理过程中的法律、制度与政策的认知就更加缺乏了。

总而言之，强化关于全民健身公共服务体系建设与管理的法律法规与政策的普及宣传成为今后完善全民健身公共服务体系建设与管理的关键问题之一。

### （四）建立健全全民健身公共服务体系监督评估机制

在不断完善与发展服务于广大人民群众健身体育锻炼活动的共享系统规范过程中，应建立对应的监督机制，以评估健身体育锻炼共享服务体系相关的制度、法律与政策系统是否得当与完备。建立健全政策与法规的评估监督机制为相关政策法规内涵、方向与标准符合立法立规立策的要求提供了保障，同时，还能够衡量服务于广大人民群众健身体育锻炼活动共享系统规划、实施与管理相应的制度、法律与政策系统是否科学、是否切合实际以及在实施过程中与实施以后成效如何。

在建立健全全民健身公共服务体系建设与管理评估、监督与检验机制时，应聚焦几个方面：其一，评估需要具备全面的功能，不可以偏概全，并且评估既要深入又要全面。评估与检验要覆盖整体政策、法律法规与制度的制定、执行与监控等全流程中。其二，层层监督，层层检验，对应相应管理主体，不可错位操作。其三，发挥现代信息技术优势，建立即时反馈与汇报制度，不可延时报告。其四，整合社会各方面专家资源，构建专职评测监督检验工作小组，确保督导监测检验工作制度化、常态化与流程化。

综上所述，只有强化监督评估机制才能够使服务于广大人民群众健身体育锻炼活动的共享系统真正落到实处，要真正推进服务于广大人民群众健身体育锻炼的共享系统，发挥其应有的价值与作用。为此，在对全民健身公共服务体系建设与管理法律法规与政策体系进行监督与检验的过程中，还应该在培训、组织、宣传与制度化建设方面，以及督查督办的实际操作过程中做到以点带面，不断总结，不断改进，逐一落实，行之有效、锲而不舍地常抓到底。

# 第五章　新时代我国竞技体育对全民健身的影响研究

## 第一节　我国竞技体育与全民健身的相互作用分析

### 一、我国竞技体育发展对全民健身发展的作用

1. 竞技体育的发展对全民健身具有引导性作用

竞技体育运动具有的竞争性会使竞技体育具有较高的观赏价值，它的娱乐功能又能让人们摆脱生活压力所带来的困境，竞技体育上升到国家层面的时候又具有民族意义，促使人们爱民族、爱国家的精神的产生。竞技体育竞赛的开展可以提高人们对体育的认识以及更多地参与体育活动，从而促使全民健身的广泛开展，竞技体育为全民健身提供了一个良好的宣传平台。

2. 竞技体育强化全社会对全民健身的意识

一场盛大的竞技体育比赛的开展很多时候都是集中人民群众注意力的时刻，人们在观看比赛的过程中对竞技体育又加深了认识，对体育表现出来的浓厚兴趣会加大对体育锻炼的渴求。由于体育具有独特的生命力和活力，举办竞技体育比赛无疑对全民健身意识的形成具有推动力作用。2008 年北京奥运会的成功举办就是一个很好的例子，人们通过比赛强烈认识到在工作之余参与体育活动的重要性。北京奥运会结束后就掀起了一阵全民一起运动的高潮，促进了全民健身工作的开展。

3. 竞技体育的发展为全民健身提供人力资源

人力资源往往在一个系统的发展中起到至关重要的作用。竞技体育发展中的人力资源包括运动员、教练员、科研人员以及管理人员等。这些在竞技体育系统领域里的人力资源大多都具有良好的体育专业素养及专业知识，在竞技体育人力资源更新换代的过程中会出

现许多退役或者转业的优秀人才，一旦竞技体育与全民健身的资源流通渠道打开后，这些人才将被全民健身系统所用，从而能提供全民健身的专业性人才以及填补专业指导人员的空缺。

4. 竞技体育的发展促进全民健身基础设施的建设

竞技体育比赛对基础设施的要求比较高，因此为了举办一场规格合格的竞技体育比赛往往会增添许多更专业的场地设施，这些基础设施的建设从某个角度来说就是为全民健身造福。为了竞技体育所扩大和修建的高质量设施在比赛结束后就可以为民所用，因此大大改善了全民健身的健身环境，增加良好的基础设施对全民健身的发展同样具有促进意义。想要参与健身的群众不会再为了良好的场地和器材而伤神，更进一步地提高他们对健身运动的兴趣及信心。

## 二、我国全民健身发展对竞技体育发展的作用

1. 全民健身的发展可为竞技体育提供雄厚的基础

随着经济社会的不断发展，人们手中可用的资源越来越多，加上对体育精神文化需求的日益提高，促使全民健身不断地发展。而全民健身的发展能够为竞技体育提供更多的资源，不仅仅可以提供优秀的运动员、教练员或者裁判等人力资源，还可为竞技体育经济的发展提供消费人群以及为竞技比赛提供很大数量的观众的参与和支持。观众的竞技体育消费一方面可促进竞技体育有更多的发展资源，另一方面观众的强烈欢呼声也是竞技体育创造优秀比赛成绩的动力来源。

2. 全民健身的全面开展将会保持和扩展竞技体育市场

竞技体育发展的推动力来自竞技体育的经济发展市场，全民健身的全面发展促使各种不同的健身人群的扩展。随着经济的不断发展，人们对体育消费的支出也会随经济发展而逐渐增加，消费需求也不断提高，这使得竞技体育市场不断发展与扩大，从而为竞技体育的发展提供足够强大的经济支柱。

3. 全民健身是竞技体育优秀后备人才的发掘基地

竞技体育的发展过程中，强大而又优秀的后备人才储备是其发展至关重要的动力，也是保证竞技体育可持续发展的基础之一。全民健身的发展可以推动社会各层面人们的运动发展，尤其是对学校学生的运动启发、全面的开展将会吸引更多的体育人才，可为竞技体育的各梯队运动人才提供基础资源，以此来筛选为竞技体育所用的高级优秀人才。

4. 全民健身对竞技体育的健康可持续发展起到监管作用

竞技体育的高竞争性以及对优秀成绩的强烈需求使得竞技体育在发展过程中会出现许多作弊行为，全民健身的发展使更多的参与群众具有对比赛正确的判断能力以及对舞弊行为的声讨权利。人民群众的监管是竞技体育健康发展最好的衡量尺与标准杆。

由竞技体育与全民健身的相互作用分析可知，两者的发展是相互影响、相互渗透、相互制约以及相互依赖的。两者的协同发展将促使这个复合系统快速而又健康地可持续发展，竞技体育与全民健身的协同发展将会产生1+1>2的整体协同效应，从而推动我国整体体育系统的发展。

## 第二节　我国竞技体育助力全民健身发展的政策分析

### 一、在政策目标上彰显以人民为中心的体育发展定位

《体育发展“十三五”规划》明确提出：“必须牢固树立以人民为中心的发展思想，以保障人民群众的体育权益为着眼点，充分调动人民参与体育的积极性、主动性、创造性，进一步激发和调动各方活力，不断满足人民群众日益增长的多元化体育需求。”这一要求彰显了体育发展为了人民的政策定位。《“健康中国2030”规划纲要》明确提出要推动健康服务供给侧改革，体育等行业要主动适应人民健康需求，满足人民群众不断增长的健康需求。《全民健身计划（2016—2020年）》确立了包括七大重点任务的体系，旨在促进老百姓开展健身活动，促进体育发展惠及大众。以人民为中心的共享发展逐渐在体育政策上得到强化。

### 二、体育的绿色、协调发展在政策上得到强化

《体育发展“十三五”规划》提出了“积极推动体育与经济社会的协调发展，不断增强各项体育工作的系统性和协同性，促进体育事业与体育产业协调发展、竞技体育与全民健身全面发展，推动城乡体育均衡发展、区域体育联动发展”的基本要求。《全民健身计划（2016—2020年）》《“十二五”公共体育设施建设规划》《“十三五”时期贫困地区公共文化服务体系建设规划纲要》《贫困地区百县万村综合文化服务中心示范工程方案》的政策制定及“十三五”公共体育普及工程、“雪炭工程”和“全民健身中心”建设项目等

的实施体现了对体育绿色发展、共享发展的探索。其他一系列文件对体育发展的区域协调、城乡协调，对体育发展的科技助力等事关体育绿色发展的内容都有着不同的体现。

## 三、体育的创新、开放发展在政策上日渐突出

2014 年 4 月 26 日，国务院发布了《关于加快发展体育产业、促进体育消费的若干意见》明确提出："取消商业性和群众性体育赛事活动审批，积极引入社会资本承办赛事，推行管办分离，加快推进体育行业协会与行政机关脱钩，加速职业体育法人治理结构建设。"2015 年体育总局印发了《以运动项目管理中心和单项体育协会改革为突破口深化体育管理体制改革的方案》，积极探索协会分类改革工作；同年，国务院办公厅下发了《中国足球改革发展总体方案》，随后国家发展改革委发布了《关于印发中国足球中长期发展规划（2016—2050 年）的通知》，随之配套的《全国足球场地设施建设规划》《关于加快发展青少年校园足球的实施意见》《中国足球协会负责人任职管理办法》等形成了足球改革的顶层设计，拉开了协会实体化改革的序幕。《关于加快发展健身休闲产业的指导意见》《冰雪运动发展规划（2016—2025 年）》《全国冰雪场地设施建设规划（2016—2022 年）》以及《水上运动产业发展规划》《航空运动产业发展规划》《山地户外运动产业发展规划》《自行车运动产业发展规划》《击剑运动产业发展规划》《马拉松运动产业发展规划》等一系列政策文件的出台为体育项目、体育产业打开了创新发展的天地。2017 年原国家旅游局、国家体育总局联合发布《"一带一路"体育旅游发展行动方案》，表明体育的发展已经突破了就体育看体育的窠臼，开始出现向其他行业、其他领域、其他国家开放发展的新格局。

《2019 年国务院体育强国建设纲要》中提出更进一步的战略目标：到 2035 年，形成政府主导有力、社会规范有序、市场充满活力、人民积极参与、社会组织健康发展、公共服务完善、与基本实现现代化相适应的体育发展新格局，体育治理体系和治理能力实现现代化。全民健身更亲民、更便利、更普及，经常参加体育锻炼人数比例达到 45%以上，人均体育场地面积达到 2.5 平方米，城乡居民达到《国民体质测定标准》合格以上的人数比例超过 92%；青少年体育服务体系更加健全，身体素质显著提升，健康状况明显改善；竞技体育发展得更好、更快、更高、更强，夏季项目与冬季项目、男子项目与女子项目、职业体育与专业体育、"三大球"与基础大项等实现均衡发展，综合实力和国际影响力大幅提升；体育产业发展得更大、更活、更优，成为国民经济支柱性产业；体育文化感召力、影响力、凝聚力不断提高，中华体育精神传承发扬；体育对外和对港澳台交往更活跃、更

全面、更协调，成为中国特色大国外交和“一国两制”事业的重要方面。到2050年，全面建成社会主义现代化体育强国，人民身体素质和健康水平、体育综合实力和国际影响力居于世界前列，体育成为中华民族伟大复兴的标志性事业。

进入新时代，全民健身上升为国家战略，体育强国成为新时代的重要体育目标，体育领域在贯彻创新、协调、绿色、开放和共享五大理念中做出了积极的探索，取得了显著的成效，人民的体育参与意识不断提升，体育场地设施供给不断丰富，体育文化氛围日渐形成，体育产业发展的总规模不断增长，结构日渐合理；竞技体育发展方式不断优化；城乡和区域体育发展日渐均衡，体育事业和体育产业日渐协调，体育内部各板块日渐协同。尽管如此，新时代体育强国建设的任务依然艰巨，需要从顶层设计上进行全面的探索，对新发展理念进行全面响应。

## 第三节　我国竞技体育助力全民健身发展政策的未来发展策略

### 一、新时代体育政策的核心要求——创新发展

创新发展理念注重的是解决新时代发展中的动力问题，强调要把创新摆在国家发展全局的核心位置。在新时代，体育必须依靠创新驱动发展，通过体育政策的制定和实施将创新驱动战略置于发展的突出位置，将创新贯彻到一切体育工作中。

一要制定和实施推动体育理论创新的政策，引导、鼓励对体育功能和价值认知、公民体育权利、体育学科属性和内涵体系、体育政策理念等方面的学术研究，在体育理论层面深入解放思想，通过体育强国战略实施纲要、体育发展规划等纲领性政策文件的制定实施和《中华人民共和国体育法》等重要法律法规的修订完善，更好地发挥新的理论思想的引领作用。

二要制定和实施推动体育管理体制的运行机制创新和制度创新的政策，围绕“改革强体”，为体育领域形成自上而下、上下联动的改革局面提供政策保障，构建政事分开、事社分开、管办分离的新机制和配套的制度体系，为政府、社会组织、市场、公民等多元主体在体育发展中发挥作用营造良好政策环境，实现体育治理体系和治理能力现代化。

三要制定和实施推动体育科技创新的政策，围绕“科技强体”，稳固科技在推动体育创新发展中第一生产力的地位，为推进体育工作科学化、信息化、现代化提供政策支持，

促进科技与体育发展最直接、最前沿需求的对接，实现健身锻炼的科学化、竞技训练的科学化、体育设施的智能化。

四要制定和实施推动体育文化创新的政策，引领体育人文精神建设，探索民族传统体育文化创新路径，打造体育文化精品工程，推动体育文化理念融入体育工作，发挥体育文化提升国家文化软实力的作用。

五要制定和实施推动体育人才工作创新的政策，围绕“人才强体”，形成重视体育人才队伍建设、积极参与体育人才培养的政策氛围，积极探索优秀竞技体育人才培养政策，不断完善竞技体育市场化、职业化、院校化、教体融合等体育人才培养重要环节的政策，推动人才在体育创新发展中真正发挥第一资源的作用。通过对创新发展理念的全方位政策呼应的方式，使创新成为引领体育发展的第一动力，提高体育发展的质量和效益。

## 二、新时代体育政策的内在要求——协调发展

协调发展理念注重的是解决新时代发展中的不平衡问题，强调要重视发展的系统性和协同性，形成平衡发展的新结构。在新时代，体育必须坚持持续健康发展的内在要求，通过体育政策的制定和实施使体育在协调发展中拓宽发展空间、在强化薄弱领域中增强发展后劲，实现体育整体性发展。

一要制定和实施体育强国建设与其他强国建设协调发展的政策，利用体育具有的经济、政治、文化、社会、生态文明等多维度功能，推动体育强国建设与其他强国建设特别是关系紧密的文化强国、教育强国、人才强国和健康中国建设等主动对接，为推动体育自身协调发展营造良好的政策大环境。

二要制定和实施体育区域协调发展和城乡协调发展的政策，积极融入国家东北振兴、西部大开发、中部崛起战略，制定支持薄弱地区体育发展、促进发达地区和落后地区体育帮扶发展的政策，实现体育区域协调发展；积极融入国家乡村振兴、城乡一体化、新农村建设、精准扶贫战略，制定支持农村体育发展、城市带动乡村体育发展的政策，实现体育城乡协调发展。

三要制定和实施促进体育自身各组成部分协调发展的政策，为群众体育、竞技体育、体育产业、体育文化和体育外交等各方面协调推进提供政策支持，特别是促进竞技体育与全民健身全面发展、深度融合的政策，通过协调发展拓展群众体育的广度和深度，为体育强国建设提供丰厚的土壤和雄厚的基础；提高竞技体育的综合实力和为国争光的能力，在体育强国建设中发挥引领激励作用，最终推动体育强国的全面实现。通过对协调发展理念

的多层面政策呼应的方法，使协调在体育发展中得到充分体现，提高体育发展的平衡力。

## 三、新时代体育政策的基础要求——绿色发展

绿色发展理念注重的是解决新时代发展中的人与自然和谐相处问题，强调要重视发展的可持续性。在新时代，体育必须遵循节约资源和保护环境的基本国策要求，通过体育政策的制定和实施使绿色成为体育发展的鲜明底色。

一要制定和实施促进体育场馆设施绿色生态建设与使用的政策，按照建设资源节约型、环境友好型社会的要求，制定体育场馆设施建设的绿色标准规范，注重节能环保，降低资源消耗；鼓励体育场馆设施建设与生态环境建设有机融合，对运动友好型城市和社区、运动休闲特色小镇、健身步道、骑行绿岛、体育公园、户外营地等建设进行政策引导；探索推广体育场馆设施现代运营方式，通过集约化、资源共享等方式提升利用效率。

二要制定和实施倡导绿色健身运动的政策，推动民众形成绿色健身运动方式，广泛开展健步走、马拉松、越野、骑行等绿色生态体育项目。

三要制定和实施鼓励体育产业发展的政策，发挥体育产业作为朝阳产业、健康产业和绿色产业的特性，推动其成为供给侧结构性改革的亮点、重要的经济新增长点，为经济转型发展做出积极贡献。

四要制定和实施体育绿色治理的政策，围绕“依法治体”，强化行业法治观念、加强依法行政、保障公民体育权利等重点方面，推进体育管理运行科学化、民主化、法治化，为体育健康发展营造风清气正的政治环境。通过对绿色发展理念的多角度政策呼应的方式，使和谐成为体育发展的鲜明特色，使体育充满生命力，在美丽中国建设中发挥示范作用。

## 四、新时代体育政策的必然要求——开放发展

开放发展理念注重的是解决新时代发展中的内外联动问题，强调要重视发展的开放性。在新时代，体育必须顺应开放共赢这一时代发展的必然趋势，体育政策的制定和实施使体育在最广阔的空间得到最充分的发展。

一要制定和实施推动中国体育融入世界体育发展的政策，实现由体育外事到体育外交的政策转变升级，发挥体育外交跨越地域和民族的独特优势，推动体育在构建人类命运共同体中发挥重要的纽带作用，推动国际间体育交流，推动国家以体育为桥梁更好地参与国际各领域交流、与各国合力推动世界和平发展。深化“走出去，引进来”的体育开放政

策，立足“一带一路”和经济全球化、区域经济一体化等发展趋势，制定和实施“一带一路”沿线国家体育交流政策、周边国家和地区体育交流政策、与体育强国和重要运动项目发达国家交流政策、与重要国际体育组织合作政策、民族传统体育项目和文化推广等方面政策，通过开放、交流、吸收、提高来促进国家体育发展，不断增强国家在全球体育治理中的话语权，提升中国在全球体育产品供给中的影响力。

二要制定和实施鼓励体育行业向经济社会其他领域开放发展的政策，结合供给侧改革和健康中国等战略，推动体育事业由体育部门办体育向全社会协同办体育转变，使体育走出行业圈子、走向社会，向社会释放体育资源，通过政策性引导最大限度地激发全社会参与体育的积极性；推动体育政策与其他行业政策特别是财政、税收、教育等行业政策融合，为体育向其他行业开放提供高质量的政策供给，为构建“体育+”和“+体育”发展模式提供有力的政策支持，更好地满足民众多层次、多样化的体育需求；推动体育各组成部分分别与经济社会其他领域融合发展，如促进体育产业与旅游、健康养老服务、科技、文化、商贸服务、制造等产业相互融合，丰富和发展体育旅游、康体养老、可穿戴智能运动设备、体育演艺、体育服务综合体等新兴体育融合业态，优化体育产业结构体系。

三要制定和实施促进体育各方面工作相互之间开放发展的政策，破除彼此之间的壁垒，推动人才自由流通、资源相互助力、交流更加畅通，为体育的开放发展筑牢基础。通过对开放发展理念的立体化政策呼应，助推体育发展充满活力，在实现中国发展与世界发展更好地互动中发挥重要作用。

## 五、新时代体育政策的本质要求——共享发展

共享发展理念注重的是解决新时代发展中的社会公平正义问题，强调要重视发展的普惠性。在新时代，体育必须牢牢把握“以人民为中心”的价值取向，体育政策的制定和实施使体育发展真正做到以满足人民的美好体育需求为出发点和落脚点。

一要制定和实施保障人民公平自由参与体育发展的政策，将维护人民体育权利、鼓励人民行使体育权利放在政策的突出位置，增强民众和基层对体育政策制定和实施的参与度、话语权，在时间、平台、场馆设施等方面给予政策落地关注，在体育发展中广泛汇聚民智、充分激发民力，实现人人参与、人人尽力的共建体育局面。

二要制定和实施保障人民充分享有体育发展成果的政策，在体育政策制定中确保政策的可操作性，在体育政策实施中加强对政策执行情况的考核评估，确保享有政策落实到体育各项工作、落实到民众日常生活，实现人人都有成就感、人人都享有的共享体育局面。

三要制定和实施促进重点人群和薄弱环节人群体育发展的政策，在不断扩大体育资源总量基础上，把均等化放在政策的重要位置，坚守底线、突出重点，抓覆盖、补短板，使广大人民群众共享体育改革发展成果，在体育方面实现共同富裕。

一方面，对青少年、老年人、残疾人等群体共建共享体育给予政策倾斜，重视青少年时期这一人生发展的“关键期”和“黄金期”，从培养社会主义合格接班人的高度重视青少年体育政策，推动体育人口基数稳步扩大，使体育在人的全面发展中发挥重要作用，夯实现代化体育强国的基础；重视老年人体育政策，立足现代化体育强国建设进程中新时代与老龄化社会并存的实际，对老年人群参与体育给予政策关怀，推动建立不分年龄、人人共享的体育事业，发挥体育在促进老年人身心健康、推动健康老龄化社会建立等方面的作用；重视残疾人体育政策，落实“每个人的自由发展是一切人自由发展的前提”要求，通过政策制定和实施推动残疾人体育权利从法律权利转化为现实权利、残疾人体育设施建设不断加强、残疾人体育有机融入体育全局。

另一方面，对经济薄弱地区人口参与体育、农村人口参与体育给予政策帮扶，制定针对经济薄弱地区人群的体育扶贫政策，与国家其他扶贫政策密切配合，将体育融入扶贫，在体育层面逐步消除贫困人口；制定针对农村人群的体育振兴政策，推进农村体育设施建设，提升农村体育健身公共服务水平；推动农村人口积极参与体育活动，以体育助推乡村振兴。通过对共享发展理念的全面性政策呼应，提升体育发展的凝聚力和向心力，为实现全体人民共同迈入全面小康社会贡献力量。

# 第六章　新时代我国竞技体育助力全民健身的实现机制研究

## 第一节　我国竞技体育助力全民健身发展系统分析

按照系统科学的观点，世界万物形态各不相同，但都会以系统的形式进行运作并不断发展和演化。鉴于竞技体育与全民健身系统之间联系紧密、相互作用，因此既可将这两个系统视为根据自己的发展规律不断发展的独立系统，又可以看作是复合系统。这个系统是由不同的性质和属性的竞技体育与全民健身的子系统复合而成。

### 一、竞技体育与全民健身系统的主体要素

竞技体育系统的主体要素包括：竞技体育活动参与者、竞技体育活动场地与设施、竞技体育竞赛管理组织。竞技体育活动参与者是指竞技体育活动中的相关人员，包括运动员、教练员、裁判员、体育科研人员以及管理人员等。竞技体育活动参与者是竞技体育的主体。竞技体育活动场地和设施是指竞技体育活动开展过程中为满足比赛或者训练所需而专门建立的活动场所以及运动器材等。竞技体育竞赛管理组织是指专门负责统筹规划竞技体育发展，研究和管理竞技体育性竞赛、运动项目的设置和开展、兴奋剂管理的国家机关单位。例如，国家体育总局下属的分管竞技体育的管理部门，其职能是举办比赛、管理场地与竞赛。

全民健身系统的主体要素包括：活动的参与者、活动的组织者、活动的指导者以及活动场地与设备。全民健身系统中所谓的活动参与者就是指全国人民中利用生活的闲暇时间，为满足身体健康需求或者一些社交目的而进行体育活动的参与者。根据我国社会工作种类来划分的话，全民健身体育参与者可以是社区群体、职工群体、农村群体以及农民工群体。依照这样的划分可以得知，活动的组织者就是所在群体推选出来对体育活动进行策

划和管理的、起核心带头作用的人员。活动的指导者一般是指社会体育指导员。场地和设备则是指供开展活动所使用的场所和器材。

## 二、竞技体育与全民健身系统的客体要素

在竞技体育与全民健身系统中，各体育资源的流动“资源流”促使竞技体育与全民健身的各主体之间紧密相连。

一方面，竞技体育系统各主体要素的不断发展促使竞技体育得以全面发展，将会带来竞技体育各方面资源的扩大与再生产，如体育场馆的增加与建立、体育项目的传播所带来的资源结构转变、竞技体育经济消费所带来的经济资本流动等，都使得竞技体育系统中的各种资源得以不断扩展壮大，资源的扩大正好为全民健身系统中的主体要素提供了重要的资源流。竞技体育参与者的增多可为全民健身的发展提供更多、更优秀的体育指导人才，场地和设施的不断发展可以为全民健身提供有利条件，为群众提供更好的锻炼环境，使得全民健身系统得以快速发展和壮大。

另一方面，全民健身系统中的各种主体要素不断发展也为竞技体育提供了丰富多样的资源流。全民健身社会团体的不断壮大，健身需求的不断增加，可以为竞技体育提供资金，资金的流动带动系统其他要素的发展，这些都为竞技体育的发展提供了更宽广的物质条件基础、更多的体育人才储备以及更多的社会经济支柱。

## 三、竞技体育与全民健身系统的外部环境要素

竞技体育与全民健身系统的发展需要与外界进行物质、能量和信息的交换，才能得以不断发展。而这样的复合系统的外部环境包括政治环境、经济环境、文化环境与社会环境。政治环境是指竞技体育与全民健身发展过程中相关的法律法规、政策条例等。经济环境是指经济发展现状、体育经济投入情况、财政支持力度等。文化环境是指体育文化氛围、健身文化意识、参与体育锻炼的精神与价值等。社会环境包含社会体育人才、社会环境给予社会团体资助等。在竞技体育与全民健身的系统主体的发展中，若具备完善的外部环境将会为系统的发展提供有利条件。

## 四、竞技体育与全民健身系统的自组织特征

一个复杂的系统想要实现自组织必须具备四个必要条件：第一，系统必须是动态的开放系统，不断地与外界环境进行物质与能量的交换；第二，系统要远离平衡态；第三，系

统内部要素之间存在着复杂的非线性关系；第四，系统因涨落而发生突变。如果竞技体育与全民健身系统具备上述条件，那么它就具备自组织特征。

竞技体育与全民健身系统是一个开放的、远离平衡的复杂系统。作为一个复合系统的竞技体育与全民健身系统，其也可以细化为许多子系统。竞技体育系统包括竞技人才系统、竞技基础设施系统、竞技管理系统等；全民健身系统包括全民健身服务系统、全民健身人员系统、全民健身组织系统等。可以说竞技体育与全民健身这个复合系统是一个多层次的复杂系统，此系统无时无刻不在与周围的环境进行人才、资金、信息与技术的交换，交换使系统因差异而产生负的熵流，而系统的有序化程度则取决于熵值的变化。熵值较系统熵的阈值逐渐减少，系统不断趋于更高级的有序状态，反之，则走向无序。不平衡状态则表现在竞技体育与全民健身系统内部由于资源、信息与技术条件的差异性而导致竞技体育与全民健身在各自的系统发展中各不相同，发展水平与发展速度都产生了差异。这就使得竞技体育与全民健身系统无不存在着许多不平衡的情况，从而凸显出竞技体育与全民健身系统是远离平衡态的，这些是系统远离平衡的因素，也成为系统不断向有序状态发展的推动力。

竞技体育与全民健身系统内部之间存在着复杂的非线性活动。竞技体育的发展对于体育专业人才资源与运动场地资源的要求比较高，如果具备良好的人才与训练环境则可以提高竞技体育发展的效率。全民健身的发展对竞争性的体育专业人才要求不高，主要针对的是人民群众的身体健康锻炼。而竞技体育的发展需要全民健身体系中的物质流和资源流的补充，对于国家体育事业的发展，两者具有目标的一致性；在国家体育资源的分配利用中，两者又处于竞争状态。竞技体育又为全民健身的发展提供竞技竞赛以外的资源，促进全民健身事业的发展。因此说二者是竞争与协作的互动关系，既是独立的系统，按照系统规律的轨迹发展同时又相互联系，这些都表现出竞技体育与全民健身多向的、复杂的非线性相互作用关系。

在竞技体育与全民健身系统中，由于内部因素和外部因素的相互作用，系统内出现涨落现象是很常见的。内部与内部之间的交流、内部与外部之间的交流都是引起涨落的原因。引起系统内部产生涨落的因素有很多，包括体育价值观念的变化、资源配置方式的转变、人员结构的改变、运动项目推广等；外部涨落因素有政策法规的出台、经济结构的转变、地区文化的差异等。

通过以上的各方面证明得知，竞技体育与全民健身这个复合系统具备自组织发展特征。

## 第二节　新时代我国竞技体育助力全民健身发展的实现机制

### 一、构建多方参与的决策机制

改革开放以来，我国已经实现了由经验型决策为主向科学决策为主的战略性转型。新时代，为达成竞技体育助力全民健身发展的目标，应构建多方参与的决策机制，科学决策竞技体育助力方向。

第一，逐渐转变政府独裁的局面，充分发挥社会体育组织、体育运动项目协会、市场组织等多元发展主体的社会价值功能，并在明晰各主体权责利关系的基础上，邀请其参与组建中央级、地方级、社企级等多层次的决策机构，广开言路，集思广益，共同对竞技体育助力全民健身的发展走向、领域、手段、方式等进行表达与决策参与，使其提供方向性、目标性、实效性的意见或建议。

第二，构建完善的竞技体育决策支持、咨询、评价、监督、反馈体系，合理规划不同参与主体的决策权限，规范决策程序，让不同参与主体在人事选举、组织决策、管理权限、发展运营等方面拥有自主权，尊重其在体育行业标准和准则等方面的自治规章权，体育行业许可权、奖励处罚权、纠纷裁决权等业务发展方面的决定权。

第三，决策机构议事信息公开，保证多元主体的充分知情权，议事流程具体规范，议事范围、方式及决策程序清晰，以保证决策公平民主。定期召开联席会议，收集与反馈竞技体育助力全民健身决策运行中的现实问题，并针对问题进行磋商、调整，保证助力方向的科学性、合理性。

### 二、构建高效的资源配置机制

竞技体育资源的高效利用、均衡配置是全民健身实现平衡并充分发展的先决条件。新时代，如何构建高效利用的资源机制就成为问题的关键所在。研究显示，政府、社会、市场等多元主体应从竞技体育资源的培育、开发、配置、利用方面，构建“四位一体”式的资源调控机制，以实现竞技体育资源的高效助力。

第一，以供给侧结构性改革为抓手，按照供需平衡最大化原则，多元部门协同配合，优化已有资源，整合加工一些分散资源，重视培育创新开发新型高质量的资源，构建具有专业性和公信力的竞技体育与全民健身资源交易平台，促进竞技体育资源高效流转。

第二，社会组织、企业团体协同共进，扬长避短，构建多元联动、融合互惠的资源获取、共享机制，按照公共意志确定哪些领域需要综合利用现有的存量资源，哪些领域需开发新的增量资源。

第三，应充分发挥市场在资源配置中的决定性作用，创新市场运行机制，搭建政府与市场、资本与项目的桥梁，按照市场需求，推动重要竞技体育资源要素重新组合、改善配置效率，使竞技体育资源公平、公正、公开流转。

## 三、构建高质高效的供给机制

新时代，随着全民健身消费市场需求的多样化、个性化、高端化，竞技体育应立足大众身心健康发展，把握消费者竞技参与、竞技发展、竞技表演、竞技欣赏、竞技娱乐等不断升级的高品位需求，构建高质高效的供给机制，为全民健身持续而公平地提供高质量产品和服务。

第一，供给质量高。竞技体育的高质量供给在产出形态层面表现为高质量、高性能，应从要素投入出发，通过技术进步、创新驱动引领促进竞技体育资本、技术、信息、管理、劳动力和人力资本等生产要素提升；在产业层面表现为产业结构合理化、高级化，应不断提高产业分工和专业化程度，优化升级产业结构，形成一个有效协同、相互支撑的供应链体系。

第二，供给效率高。供给效率高主要表现在技术效率高和经济效益好。在资源稀缺的现实中，竞技体育要实现全民健身产品与服务的高效率供给，必然要高效、集约地发挥资源要素潜力，提升技术效率的生产可能性边界，最大化实现各类生产要素投入产出效率、资本效率、人力资源效率等达到高水平。除此之外，应充分考虑竞技体育资源配置与组合的合理性，使各类要素边际效用达到最高、各类要素的边际报酬达到最高。

第三，供给稳定性高。供给稳定性高是指竞技体育供给维持在一个相对高水平的稳定状态。从时间维度看，高稳定性短期表现为供给产品与服务平稳运行在合理区间，中长期则表现为供给的可持续性强。从空间维度看，稳定性高既要求要素供给的稳定性强，也要求要素彼此间互为支撑。

## 四、构建互补互助的保障机制

人力资源是我国竞技体育核心竞争力发展的主导因素之一，人力资源梯队建设、人力资源优化水平、人力资源管理战略在很大程度上都将影响我国竞技体育整体实力，项目是否具有竞争优势主要取决于是否有高水平竞技体育人才。竞技体育是一个复杂的系统，高水平人力资源是系统中的一个子系统，竞技体育核心竞争力的实现是在其他子系统的协同作用下共同实现的。技战术创新、科研服务跟进是我国竞技体育核心竞争力发展不可缺少的重要因素。科学、有效的方法对运动员训练的辅助，高科、前沿的器材装备对运动员竞技成绩的提升，很大程度上影响运动员的竞技水平。技战术创新能力、技战术创新应用率与成功率决定一个项目的长久兴衰，我国乒乓球和跳水的霸主地位得益于技战术的不断更新和演变。科研成果转化率与有效率则是我国竞技体育强而有力的科研保障。调动相关研究人员的科研积极性，鼓励基于竞技体育基础上的跨学科研究，以科研服务与技战术创新交互为导向建立支撑保障管理机制，即建立项目核心技战术科研平台、主体项目科研服务支撑平台、支撑项目科研服务辅助平台等，为我国竞技体育的发展提供智囊库，为提升我国竞技体育核心竞争力提供智力保障，对实现我国竞技体育整体实力的提高非常重要。

现阶段，我国体育健身休闲养老产业还处于发展的初级阶段，各方面的条件还不成熟，尤其是在人力资源方面，缺乏具有专业水准的经营管理人员，而体育健身休闲产业与养老产业的融合发展离不开高素质、高水平的专业人才队伍。首先，要加大学科整合力度，充分利用现有体育学、社会保障学和老年医学等学科资源，鼓励发展交叉学科，培养体育健身与养老产业融合发展所需要的专业人才。其次，可以加强对产业融合发展所需人才的专项培训工作，如建立相关的培训基地，以及到国外学习相关的先进知识、技术与管理经验等。最后，建立和完善相关的职业资格认证制度。近年来，国家一直强调各行各业均要持证上岗，体育健身休闲产业与养老产业的融合发展也必须与国家的行业规定保持高度一致，只有相关的职业技能鉴定体系健全了，才能培养出产业融合发展所需要的具有综合素质与能力的人才，并最终为产业融合发展提供较为充足的优质人力资源供给。

## 五、构建协同互动的监督机制

第一，社会多元组织机构协同政府部门加大执法队伍建设，强化内部各领域的执法能力，监督竞技体育，助力全民健身发展政策的落实与实施。要建立完善的监管机制，健全人民民主制度，引导不同主体以不同方式和渠道参与到助力服务当中，让助力服务监督真正反映居民意愿。同时，对政府机构实行行政部门内部的监管形式，监管机构与被监管机构应相互监督，以此确保助力服务工作的顺利进行。

第二，竞技体育要健全内部相关制度，强化制度治理。竞技体育要根据社会化改革需要，完善自身制度体系建设，主要包括人才培养管理制度、职业体育制度、竞赛制度、运动员社会保障制度以及其他相关配套制度。竞技体育要健全多元参与主体利益保障制度和联赛监管、仲裁制度，建立利益相关者共同参与的决策制度、监控问责制度、诚信制度、权力制衡制度、财务透明制度、绩效评估制度等。尤其在竞技体育社会化改革进程中，要对职业体育联盟、职业俱乐部、运动员等不同主体建立相应的配套制度，通过制度规范不同主体的治理权限和利益边界，充分调动不同主体的积极性，最终完善竞技体育的制度建设。

第三，完善监督机制，营造良好的科研创新环境。在科技监管环节，充分执行科技监督政策的落地任务，强化科技监督的队伍建设，加强科研诚信体系的建设，推进实施统一的信用管理制度，施行失信联合惩戒机制和相关部门共享信息等可持续运行的科技监督长效机制。在科技政策“放管服”的新形势下，科技监督需要进一步创新发展，全面提升监督检查质量，结合科技监督负面清单管理机制，针对项目实施执行的好与差进行诸如“免检”“精准监督”等不同方式的处理。通过搭建透明化、信息化绩效检测平台，建立涵盖科技研究开发全过程的绩效管理平台，发挥各级政府联动作用，完善结构化监管体系，建立宣传推广和正向反馈的循环机制，打造规范的科技监督创新服务体系，发挥科技政策监督的作用，为科技创新提供保障。

第四，进一步健全和完善体育消费市场监管体系，充分发挥质量监管机构、消费者协会等相关部门的监管作用，规范和优化体育消费市场秩序。同时，应加强对体育产品与服务生产、供给主体的社会责任教育，进一步健全和完善体育产品及服务的溯源机制，以完善的体育产品和服务质量体系消除消费者对于体育新业态的“信任赤字”，充分激发和释放公民体育消费潜能。

## 第三节　新时代我国竞技体育与全民健身协同发展路径选择

### 一、加强政策扶持力度，营造良好助力环境

政府政策支持是竞技体育助力全民健身发展的重要外部动力保障，要实现竞技体育助力全民健身发展，就必须完善落实竞技体育助力全民健身发展的政策供给，为竞技体育助力全民健身发展创造良好的政策环境。

一是着重加强竞技体育主体发展规划政策供给。竞技体育主管部门应结合竞技体育发展的特点和社会改革发展的需要，积极发挥政策支持、监督检查、顶层设计的主导作用，出台具有针对性、实效性的法律、法规，改革创新竞技体育管理体制和运行机制，充分挖掘竞技体育的潜力，释放竞技体育的活力与动力，着实提高竞技体育在促进全民健身发展和带动社会经济转型方面的能力。

二是不断完善多元体育社会组织服务全民健身的政策供给。政府作为助力发展的主导力量，应充分考虑体育社团、体育运动项目协会、群众自发性组织等多元体育社会组织在服务全民健身发展中的价值作用，出台专项法律、法规，明确体育社会组织在服务全民健身中的“行政地位”，进一步减少政府对体育社会组织在竞技体育市场开发与运营方面的干预，加快推进体育社会组织承接竞技体育的市场化运作向前发展，提升体育社会组织服务全民健身的效率。

三是持续推进竞技体育资源对接全民健身市场的政策供给。为推进竞技体育人力、物力、技术和信息等资源要素有效对接全民健身市场，政府应进一步深化职能，发挥引导作用，出台更多激励扶持政策，如采用相应资金补助、降低交易费用、提供减税优惠等措施，降低竞技体育资源服务全民健身的准入门槛，为竞技体育助力全民健身发展创造良好的政策环境。除此之外，各级政府应重视竞技体育助力全民健身政策的落地实施与高效执行。

## 二、完善组织机构建设，提升助力服务质量

新时代，政府、社会、市场等多元主体应共同发力，完善体育组织机构建设，强化组织机构职能，逐渐形成与经济社会转型相适应、与全民健身发展需求相匹配的多元组织管理机构，提升全民健身社会服务质量和品质。

第一，从政府组织层面。各级政府应协同竞技体育与全民健身主管部门，优化整合竞技体育与全民健身组织机构，专门成立竞技体育助力全民健身发展的中间组织，并迅速完成组织机构建设，通过集中办公、集成服务、协作配合，形成具有专业性和公信力的一体化运作和一站式服务工作平台，促进竞技体育资源公平、公正、公开流转，实现竞技体育资源在全民健身领域的合理布局，满足全民健身服务的有效供给。此外，要构建多元绩效体系与监管机制，确保组织机构工作的顺利进行。

第二，从社会组织层面。通过政府相关部门的引导和监督，体育社会组织应强强联合，成立区域竞技体育协会、社团、单项体育俱乐部等各类非官方的基层体育组织实体中

心，完善组织规章制度，规范组织行为准则，提升组织规划意识，强化这些组织在项目推广、体育赛事举办、体育活动普及、从业人员培训等方面的效用、功能，努力推进大众健身社会化服务进程，放射性地带动全民健身活动的开展。

第三，从市场组织层面。各类大型民营企业和小微企业等市场组织实体应立足于全民健身服务的有效供给，加强合作交流，创新资源共建共享机制，把握全民健身市场的运行规律，推进市场模式创新和信息技术创新。按照大众需求意愿，综合利用现有竞技体育的存量资源，研发科技含量高、服务功能强的增量资源，提升资源向产品转化的效率，扩大竞技体育供给的市场份额和产业比重，满足大众不断演变和升级的体育需求。

## 三、拓展多维助力渠道，激发群众参与热情

伴随全民体育参与需求能力的提升，竞技体育应按照人文化、实体化、大众化总要求，不断优化已有的完整资源，整合加工一些分散资源，重视培育新型高质量的优质资源，拓展多维助力渠道，拓宽助力服务覆盖面，从而激发群众竞技参与热情，引领全民健身活动开展。

一是提升群众理论认知。竞技体育应依托政府、社团、协会等多元体育组织，通过新闻、网络、手机应用程序等新媒体手段，推进竞技体育入社区、上街头、进校园，加强竞技体育知识、文化、精神等的宣传力度，提升大众对竞技体育理论知识体系的全面认知。

二是提供项目场地支持。竞技体育应针对不同层次社会群体的特殊需要，改造并衍生出辐射带动能力强的体育项目，定期组织各种规模的群众体育活动，拉近与人民群众之间的距离，提升全民健身的黏度和终身参与度。除此之外，竞技体育场地设施要结合大众长期的健身、休闲需求，在满足自给自足的基础上，实现与民众共享，尤其要鼓励和支持各类大型体育场馆的对外开放。

三是搭建多元赛事平台。竞技体育应改善体育赛事供给结构，在专业赛事中广泛搭建覆盖各类人群的“同质”赛事，通过专业赛事把业余赛事带动起来，并通过树立赛事队伍中典型人物，宣传典型事迹，颁发证书、奖章和纪念品等多种激励形式，促进体育赛事服务于全体大众。

四是完善竞赛规则修订。竞技体育应根据不同组织体育健身参与者的特征，通过修改、调整、创新竞技体育比赛规则，降低各种竞技项目的参赛难度，提升大众参与竞技项目的广度与深度，让不同项目、组别的业余爱好者通过参与体育竞赛获得快乐感与成就感。

五是提高科学服务水平。竞技体育应在科技创新理念上积极引领全民健身发展，同时，构建竞技体育科技成果转化机制，将科学训练方法、健身指导方案、医疗康复手段等科技创新成果服务于全民健身发展的各个环节，提高全民健身的科学化、智能化水平。

## 四、创新助力供给模式，畅通实施运行路径

新时代，随着全民健身市场消费能力的提升，体育主管部门应立足大众身心健康发展，把握消费者竞技参与、竞技发展、竞技表演、竞技娱乐等不断升级的多元需求，创新竞技体育助力全民健身发展的供给模式，畅通助力实施运行路径。

首先，随着我国社会主义市场经济体制的逐步确立，政府职能的不断转变，我国竞技体育助力全民健身发展应在强化政府引导作用的基础上，引入市场机构、社会力量共同参与，构建政府、社会、市场相互协作的供给模式。

其次，在确立多元供给模式的基础上，多元主体应以社会个体体育发展需求为主要内容，以体育公共服务供给实践和社会整体体育发展诉求为引领，以体育社会化、市场化、产业化的运作实践为方向，以科技供给为依托，以项目开发为纽带，以示范组织为切入点，以企业联盟为结合点，构建多元协作的助力供给机制，引入竞争机制和激励机制。

最后，要合理规划多元主体在全民健身服务供给中的功能边界，恰当处理好相互之间的利益关系，在助力实践中合理分工、互补互助，逐步形成覆盖城乡、条块结合、横向到边、纵向到底、规范有序的运行路径，以满足全民健身精细化与大众化、个性化与群体化的需求。

## 五、加强顶层设计科学性，实现基层战略创新

战略协同是基于竞技体育与全民健身的基本发展要求做出的系统性、全局性和长远性的战略谋划。

第一，科学的顶层设计。科学的顶层设计可以解决部门之间的政策冲突和竞争，并协调不同部门间的利益关系，实现政策的整体效应。通过顶层设计规划，明确双方发展的基本要求、根本原则和利益分配等，并按照实际情况和现实诉求，确定竞技体育和全民健身的功能区以及空间结构。通过两个主要领域的资源流动、技术互补等与多部门合作，根据现实的变化，不断调整两者的合理布局，从而实现协同发展、融合发展和可持续发展，达到合作共赢的目的。

第二，实现基层战略的创新。顶层设计是宏观的、原则的设计，是对体育发展基本要

素及要素间关系的整体把握与处理，但很难照顾到每个地方的实际情况。这就要求基层部门坚持宏观政策与方针的框架，结合自身的发展情况进行制度创新，不断完善自身管理体制，激活协同发展的运行机制，因地制宜，设计出适合自身发展的规划，落实各项发展政策与方针到基层组织，让群众切实感受到协同发展的效益。

## 六、推进优质资源整合，创新助力供给模式

党的十九大报告中，谈到我国社会主要的矛盾为人民日益增长的美好生活需要和不平衡不充分的发展之间的矛盾。体育是社会发展的一个缩影，体育事业的主要矛盾则是人民日益增长的体育需求与多元化、多层次化体育资源供给不足之间的矛盾，因此，解决资源问题是体育事业发展的核心问题。资源协同是通过竞技体育与全民健身系统各要素的匹配、重组与再加工，使资源系统相互联系、相互渗透而形成合理的资源结构，实现协同发展的目的。

第一，推进优质资源整合。以供给侧结构性改革为抓手，按照供需平衡最大化原则，政府、社会、市场等多元主体应协同配合，通过产业内部延伸、整合、重组，不断优化已有的竞技体育完整资源，整合加工一些分散资源，重视培育新型高质量的优质资源，创新开发体育赛事等无形资源，构建培育、开发、配置、利用“四位一体”式的资源调控配置机制，改善资源配置效率。除此之外，应构建具有专业性和公信力的竞技体育与全民健身资源交易平台，促进竞技体育资源公平、公正、公开流转，实现竞技体育资源在全民健身领域的合理布局。

第二，创新助力供给模式。竞技体育应以政府角色的强化、市场机构的引入、社会力量的参与为主流，以科技供给为依托、项目开发为纽带、示范组织为切入点、企业联盟为结合点，以体育社会化、市场化、产业化的运作实践为方向，构建政府、社会、市场等多元协作的助力供给机制，引入竞争机制和激励机制，合理规划三者在全民健身服务供给中的功能边界，恰当处理好三者之间的利益关系，在助力实践中合理分工、互补互助，并在一定的条件下相互替代，逐步形成覆盖城乡、条块结合、横向到边、纵向到底、规范有序的竞技体育助力供给模式。

## 七、构建体育文化传承机制，落实体育文化创新举措

文化协同是全民健身文化和竞技体育文化不断相互借鉴，深度融合，形成一个良好的体育文化发展氛围的过程。要想实现文化协同发展，重点要构建全民健身文化传承机制和

竞技体育文化创新机制。

第一，构建全民健身文化传承机制。全民健身文化的传承是全民健身建设的重要部分，深刻影响着我国竞技体育的发展。因此，必须要重视全民健身文化的认识、继承、保护和弘扬。首先，避免地区性体育文化受到外来的体育文化冲击，要保证地区性体育文化的传统性和原始化；其次，加大中国特色体育文化以及地区性体育文化的宣传，通过举办赛事奖励优秀运动项目中的优秀运动员，重视地区体育文化项目的建设等；最后，加强与竞技体育文化的交流和融合。全民健身文化源于中国传统体育文化，与来自国外的现代竞技体育各有优缺点，两者的不断交流和融合，更容易创造出多样的竞技体育项目和体育文化。

第二，构建竞技体育文化创新机制。竞技体育文化创新是有利于全民健身文化发展的，也是顺应时代发展需求的。因此，以满足人民体育需求为目标，发挥竞技体育项目的多元价值功能，积极推广竞技体育项目，推进运动项目的生活化和社会化，不断增加体育人口；加大竞技体育文化建设力度，不断转变竞技体育项目发展和办赛思路，探索竞技体育项目创新机制，在深度挖掘项目自身文化和历史的基础上，不断进行方式创新、内容创新、机制创新等，从而不断提升运动项目的文化内涵。除此之外，重视竞技体育文化的精神塑造和文化引领，充分利用中国竞技体育优秀的文化符号，如“女排精神”以及李宁、姚明等优秀运动员所表现的优秀品质和精神内涵，促进其真正内化于心，成为人民自觉认知的价值尺度和道德榜样。

## 八、实现治理体系现代化，培育基层治理主体

治理协同是指在推进竞技体育与全民健身协调发展过程中，多部门深层次相互配合推进体育治理，统合散布于不同部门的治理权限，有效弥补治理的缝隙。

第一，实现治理体系现代化。竞技体育与全民健身实现协同治理的关键是提升治理结构的现代化，具体表现为政府限权、市场放权和社会赋权，引导多元主体协同参与治理。随着体育深化改革的不断推进，竞技体育的管办分离、体育协会的实体化改革等激活了社会体育组织的活力，在共建共治共享理念的引导下，体育协会、社会力量等积极参与体育治理，大大提升了体育治理的水平。因此，要想进一步提高竞技体育与全民健身协同治理的现代化水平，首先要要厘清政府、市场和社会在协同治理中的角色定位，明确不同主体的治理权限，协调不同主体的关系，构建“政府引导，社会参与，市场支撑”的多元主体协同治理的模式；其次要强化市场机制在协同治理中的主导作用，充分挖掘市场资源，创

新体育组织形式，规范多元主体参与合作的行为准则，通过多元主体的共商共治推动竞技体育和全民健身协调发展。

第二，积极培育基层治理主体。群众基层往往涉及多个治理部门，同时面临较多极其复杂的问题，是治理协同的重点和难点。在健康中国和体育强国建设的背景下，基层组织建设要注意两点：首先，要积极转变基层的健身服务供需方式，转变政府职能，精简机构，提升地方政府的体育供给能力，制定相关发展规划，明确基层政府对体育组织建设的权责；其次，政府要通过政策优惠、制度保障和资源帮扶等手段，培育社会体育组织，在政府的引导和监督下，利用社会体育组织社会化高的特性弥补政府触不到的空白地带，推动草根性体育组织、自发性体育组织等社会体育组织，建立层次高、多元化、范围广的基层组织发展格局。

# 参考文献


[1] 阿宁. 全民健身概论 [M]. 成都：四川教育出版社，2006.

[2] 曹雪丰. 互联网时代手机应用对全民健身的积极作用探究 [J]. 科学咨询（科技·管理），2020（04）：36.

[3] 邓万金，管莹莹，何天易. 竞技体育强国核心竞争力比较研究 [J]. 北京体育大学学报，2019，42（04）：64-78.

[4] 邓玉超，敬龙军，赵金国. 新时代中国全民健身与竞技体育的伦理价值辨析 [J]. 湖北体育科技，2019，38（06）：471-474+493.

[5] 董晓起. 全民健身和竞技体育城市建设中文化软实力的体现 [J]. 当代体育科技，2019，9（35）：210+212.

[6] 郭天虎. 小城镇全民健身活动现状与分析 [J]. 当代体育科技，2020，10（14）：212+215.

[7] 韩磊磊，王艳艳. 生态世界观下的中国竞技体育发展价值审视 [J]. 当代体育科技，2020，10（12）：229-230+232.

[8] 金庆红，汪亦菲，陶惠慧. 国民体育科学素养对全民健身战略实施的影响 [J]. 合肥学院学报（综合版），2020，37（01）：82-86.

[9] 李国敏，刘伟. “全民健身与全民健康”体育强国工程的开展现状与对策 [J]. 科技资讯，2020，18（12）：246+248.

[10] 李先国. 群众体育文化创新与体育强国构建 [M]. 上海：上海交通大学出版社，2013.

[11] 刘惠珍. 竞技体育功能与竞技体育价值的辩证关系 [J]. 当代体育科技，2019，9（10）：244-245.

[12] 刘龙. 五大发展理念引领下我国竞技体育改革研究 [J]. 体育文化导刊，2019（04）：1-5+17.

［13］刘宇明. 我国竞技体育中不良现象的成因及对策研究［J］. 科学大众（科学教育），2020（03）：135.

［14］路晗彬. 试论全民健身与竞技体育关键技术［J］. 黑龙江科技信息，2016（34）：16.

［15］罗超毅. 论体育强国建设背景下全民健身与竞技体育的和谐发展［J］. 北京体育大学学报，2013，36（02）：1-4.

［16］宁大庆. 健康中国视域全民健身战略的实现路径探究［J］. 中学政治教学参考，2020（12）：104.

［17］潘孝贵. 新时代竞技体育构建强国形象的路径与策略［J］. 江西社会科学，2019，39（12）：224-232.

［18］申滨. 竞技体育人才队伍建设的创新机制研究［J］. 就业与保障，2020（03）：120-121.

［19］孙鑫. 区域经济视域下竞技体育的运行模式［J］. 中外企业家，2019（16）：181.

［20］孙长武，柴静，武志鹏. 基于体育强国视角的全民健身与竞技体育协调发展研究［J］. 科学大众（科学教育），2014（08）：145-146.

［21］田凤琴，周结友，汤毅. 我国全民健身供给侧结构改革必要性研究［J］. 福建体育科技，2020，39（02）：8-10.

［22］王阿婷，曹宗航，熊焰. 奥运视角下我国竞技体育实力变迁研究［J］. 四川体育科学，2020，39（01）：1-7+12.

［23］王霞. 我国竞技体育发展现状与可行性建议［J］. 当代体育科技，2019，9（35）：236-237.

［24］王学坤，吴鹏. 十八大以来习近平全民健身思想研究［J］. 商丘师范学院学报，2020，36（06）：65-68.

［25］王莹，李玲. "健康中国" 背景下全民健身与全民健康融合研究［J］. 盐城工学院学报（社会科学版），2020，33（01）：112-113+118.

［26］肖金兰，姚辉洲. 竞技体育的文化功能研究［J］. 体育科技文献通报，2019，27（09）：126-127+144.

［27］谢明. 基于健康体能理论的全民健身计划实施的策略［J］. 田径，2020（03）：32-33.

［28］徐伟宏. 中国竞技体育发展模式的历史演进与路径创新［M］. 北京：北京体育大学

出版社，2012.

［29］许敏雄. 竞技体育强国之路［M］. 北京：光明日报出版社，2012.

［30］张浩森. 我国全民健身服务体系的构建研究综述［J］. 体育科技文献通报，2020，28（03）：104-106.

［31］张鲲，康冬. 我国竞技体育公共服务的基本理论研究［M］. 西安：陕西师范大学出版社，2016.

［32］张鲲，王敏娜. 论全民健身视角下的竞技体育公共服务［J］. 湖北体育科技，2015，34（09）：753-755.

［33］周恺龙. 体育公共服务功能视角下全民健身与竞技体育的和谐发展［J］. 体育世界（学术版），2019（06）：64+56.